国际工程风险管理

主　编　杨　琳　　陈晓华　　杨海红

副主编　吕泽翔　　李萍莉　　刘怀亮　　尤绪华

主　审　何亚伯

WUHAN UNIVERSITY PRESS

武汉大学出版社

图书在版编目(CIP)数据

国际工程风险管理/杨琳,陈晓华,杨海红主编.—武汉:武汉大学出版社,2019.12

ISBN 978-7-307-21128-5

Ⅰ.国… Ⅱ.①杨… ②陈… ③杨… Ⅲ.国际承包工程—工程项目管理—风险管理 Ⅳ.F746.18

中国版本图书馆 CIP 数据核字(2019)第 182243 号

责任编辑:王一洁 责任校对:郭星星 装帧设计:吴 极

出版发行:**武汉大学出版社** (430072 武昌 珞珈山)

(电子邮箱:whu_publish@163.com 网址:www.stmpress.cn)

印刷:北京虎彩文化传播有限公司

开本:850×1168 1/16 印张:7.75 字数:186 千字

版次:2019 年 12 月第 1 版 2019 年 12 月第 1 次印刷

ISBN 978-7-307-21128-5 定价:50.00 元

前　言

改革开放四十多年来,我国在国际市场上获得了工程承包事业的长足发展和良好声誉。特别是在加入世界贸易组织(WTO)后,国际工程市场进一步对我国开放,为我国工程承包事业提供了更大的发展空间。随着我国"一带一路"倡议的提出,"一带一路"沿线的基础设施建设市场需求旺盛,为我国的工程承包企业带来了新的机遇与挑战。在"转型升级"需求和国家"走出去"政策的支持下,以中国葛洲坝集团国际工程有限公司为代表的中国工程承包企业深耕于国际市场,在水利、土木、港口、桥梁、道路等领域的建设中占有大量的国际市场份额,工程承包形式也逐步从劳动密集型向技术和资金密集型转变。作为WTO的成员国,我国承包国际工程必须执行与货物贸易同样的无歧视和无条件的最惠国待遇、国民待遇和降低贸易壁垒等制度。在这样的情况下,我国工程承包企业要想在国际市场上站稳脚跟,就必须勇敢地抓住机遇、迎接挑战,巩固国内市场,拓展国际市场,实现我国国际工程的可持续发展。

国际工程承包是一项既包含工程技术,又包含经济管理的综合性事业,同时受到不同国家政治环境、法律法规、税收政策,甚至生活习惯等的影响,带有特定的风险。因此,风险管理对国际工程而言是必不可少的管理环节。

本书从国际工程风险管理概述、国际工程项目分包风险管理、国际工程项目设计风险管理、国际工程投标报价与合同风险管理、国际工程保险的实施等方面展开了深入阐述,并对中国葛洲坝集团国际工程有限公司的风险管理模式进行了应用研究。本书的研究成果有助于我国的工程承包企业在面对国际工程时,更深入地理解风险管理,更准确地识别国际工程风险,更准确地评估风险水平,更有针对性地采取风险应对措施。

本书由武汉大学杨琳、中国葛洲坝集团国际工程有限公司陈晓华、武汉大学杨海红担任主编,由中国葛洲坝集团国际工程有限公司吕泽翔、李萍莉、刘怀亮、尤绪华担任副主编,武汉大学项目管理研究所研究生路飞月、周雅丹、李莹、李璨协助完成了本书部分内容的编写。本书由武汉大学何亚伯担任主审。本书的编写参考借鉴了许多优秀教材以及相关文献资料,在此向各位作者表示衷心的感谢!

由于编者学识水平有限,书中难免有疏漏与不足之处,恳请广大读者批评指正。

编　者

2019 年 6 月于珞珈山

目　　录

本书相关资源

1 绪 论

国际工程，一般来说，是指一国的工程承包人受另一国工程业主或发包人的委托，按照规定的条件承包某项建设任务的一类工程。国际工程是一种综合性的国际经济合作方式，是一个工程项目从咨询、融资、采购、承包、管理到竣工验收、后评价的全生命周期均按照国际上通用的工程项目管理模式进行管理的工程。

国际工程是一种从事国际工程建设的企业或联合体通过竞标的方式，与业主签订承包合同，取得某项工程的实施权利，并按合同规定，完成整个工程项目的合作方式。严格来讲，国际工程并没有一个全面的学术定义，而是人们在长期的实践过程中给其赋予了各种定义。我们可以从两个方面来理解国际工程的概念和内容：一是国际工程包括国内和国外两个市场；二是国际工程包括咨询和建设两个行业。通过承建国际工程，可以实现技术、劳务、设备及商品等的出口，这不仅能多创外汇，而且能产生一定的政治影响。

从我国工程承包企业的角度来看，加入世界贸易组织后，我国的建设市场逐步开放，我国市场上由国际组织和国外的公司参与投资、咨询、投标、承包（包括分包）、监理的工程建设项目也越来越多。国际工程既包括我国企业在海外参与和实施的各项工程，又包括国际组织和国外的企业到我国来投资和实施的工程。因此，我们对国际工程进行研究，不仅是为了让我国企业走向国际市场，也是为了其进一步巩固和占领国内市场，同时促进我国建筑业的工程管理逐步与国际接轨。

1.1 国际工程风险管理概述

1.1.1 工程项目风险的含义及特征

风险（risk）是指发生某种损失的可能性（马丁·鲁斯摩尔，2011）。这个定义包含两层含义：一是可能存在的损失；二是这种损失的存在与否是不确定的。任何人都不能确切地预知损失是否会发生。同时，如若发生损失，造成后果的严重程度也难以度量。因此，不同的研究角度，对风险的定义不尽相同。本书主要研究风险的不确定性。

工程项目风险,是指工程项目在设计、营建及移交运行各个环节可能遭受损失的不确定性。评估工程风险可以为工程项目的开发和交付决策提供信息。这些决策有助于公共安全,并明确项目预期。

近年来,我国的国际工程承包事业发展蒸蒸日上(图1-1),在国际承包市场上的市场份额与日俱增,因此研究国际工程风险具有重要的现实意义。

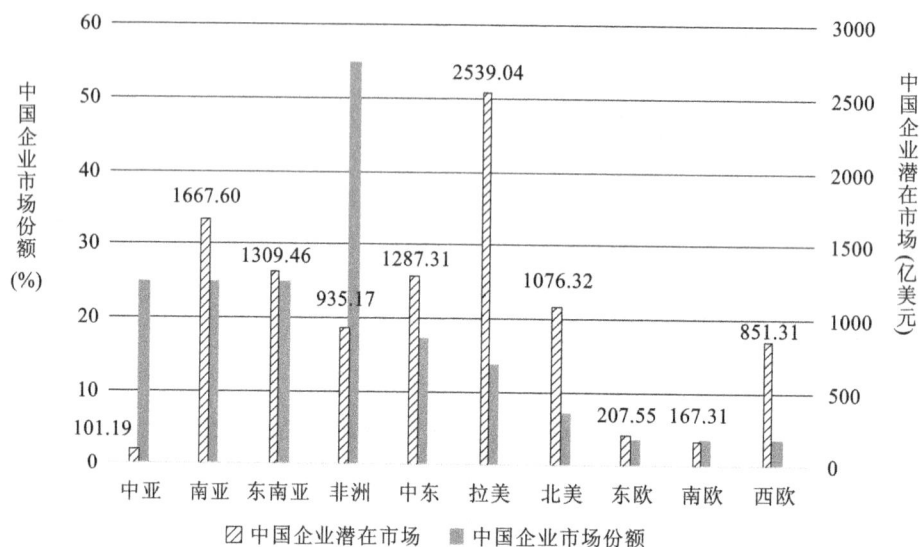

图 1-1   2017 年中国企业国际承包市场图

国际工程风险包括两层含义:一层强调风险的结果有两面性,即它既可以是有益的,也可以是有害的;另一层则强调风险可能导致收益或损失的具体数量难以事先确定。风险既能带来额外的收益,又能构成威胁。本书所研究的风险,主要是国际工程中可能造成损失的风险。

1.1.2   国际工程风险分类

国际工程的建设历来被认为是一项"高风险事业",伴随着众多的风险因素,不仅涉及该工程所在国的政治经济形势、对外关系、进出口贸易、资金和劳务等方面的有关政策及法律规定,以及外汇管制办法等,而且涉及不同的业主、不同的技术规范和标准、特殊的地理和气候条件,从而使国际承包企业经常处于纷繁复杂、变化无常的环境之中,在承包工程时承担着巨大的风险。这些风险最后可能集中表现为工程亏损,最终造成严重的经济损失。

国际工程风险的分类方法有很多,不同的分类方法适用于不同的具体情况。以下是按风险产生的根源对国际工程风险进行分类(表1-1)。

表 1-1   国际工程风险按风险产生的根源分类

风险根源 \ 风险时间		可研阶段	设计阶段	施工阶段	施工后阶段
项目环境风险	政治风险	战争和内乱、政府征收、政府违约、政府政策干预、政府效率低下、货币汇兑			
	经济风险	通货膨胀、外汇风险、利率变动、金融危机			
	社会文化风险	社会治安不稳、语言沟通不畅、思维差异、社会文化差异、宗教习俗信仰差异、非法行为			
	自然条件风险	暴雨、洪水、暴风雨、飓风、龙卷风、下沉、滑坡、雪崩、极端温度、地震；工地自身条件不良			
项目管理风险	合同风险	合同条款不完备，表述不清		合同变更、合同履约风险	索赔、诉讼
	承包商风险	不充分的可行性研究，仓促工作	咨询机构的专业性；项目前期的融资能力	工作效率及现场管理能力；项目经验；财务水平；选择分包商的风险	工程索赔维权能力
	业主风险	业主的信用程度	业主资金拨给是否及时	业主的财务能力，工程款结算是否及时	业主的财务状况
	监理风险	监理单位的选择	监理单位的工作配合程度	监理单位的管理水平及监理质量	监理单位的工作效率及水平
	设计风险	预算的可行性	设计的规范性、创新性	设计的可行性，即设计缺陷、未被发现的设计错误	设计潜在的适用性风险
	安全风险	施工人员的人身安全，设备运转、维护与保养难度，以及周转性材料的使用能力等方面的风险			
	技术风险	未能充分预料到可能发生的技术问题	新技术风险；机电设备性能不佳；设备、材料的采购风险	工程现场、施工管理、施工技术、施工质量、施工工期风险	施工后的运营风险

（1）政治风险

如今，我国愈来愈多的工程企业开始在非洲、中东地区承包工程。由于这些地区某些国家存在不稳定的政治因素，因此这些工程企业也面临着前所未有的政治风险，这些风险严重威胁着企业的财产安全甚至是员工的生命安全。

纵观各类国际工程案例，在政局不稳定的国家发生的由政治风险造成损失的事件特别多，2011 年的利比亚战争、2015 年的也门内战、极端组织"伊斯兰国"（ISIS）策划的一系列恐怖袭击事件以及其他地区发生的各种各样的自杀式爆炸袭击事件等，这些无一不对当地的工程建设造成了巨大的威胁,无一不验证了重视国际工程中的政治风险的重要性。

政治风险可能造成业主毁约、建设项目终止,或者施工期限拖延,施工成本也会因为难以预计的不利形势而被迫大幅增加。仔细研究国际上通用的 FIDIC(Fédération Internationale Des Ingénieurs Conseils,国际咨询工程师联合会)合同条件,不难发现其实业主和承包商存在着一种不平等的关系。举例来说,当难以预计的政治风险真正发生时,按照合同规定,承包商能够根据损失情况向业主进行索赔,要求其赔偿一定的损失费用。然而事实往往是业主会故意拖延赔偿,甚至想方设法拒绝赔偿,而承包商在此时就会陷入被动的局面,不仅要花时间与精力跟业主周旋,还要在这样的情况下保证工期不被拖延,以免造成更大的损失。故在合同双方发生利益冲突时,承包商基本很难得到公正的对待,其损失往往很大。

本书结合近年来国际承包市场形势,并参考世界银行多边投资担保机构承保的政治风险类型,总结出以下六类政治风险(表 1-2)。

表 1-2   政治风险一览表

风险种类	具体形式	风险结果
战争和内乱	政局动荡、恐怖袭击、国际战争、国内战争和战乱	工程延期、经济损失、人员安全无保障
政府征收	直接征用、间接征用、国有化、干扰处置	资产损失、工程延期
政府违约	解除合同、终止合同、不履行合同	工程延期、经济损失巨大
政府政策干预	出台不平等法律、政策频繁变化	额外开支增加、维权与索赔难度大
政府效率低下	贪污腐败、索要贿赂、亵渎公职、消极怠慢	经济损失、工程进度缓慢
货币汇兑	货币禁兑、外汇管制、兑换延迟	资产贬值、资金流转受限

(2)经济风险

在工程建设行业中,经济风险主要包括两个方面:① 通货膨胀风险。工程项目所在国发生了严重的通货膨胀现象,而承包商由于经验匮乏往往没有事先签订详尽的调价条款。② 外汇风险。如果承包商在国际工程中签订的是设计、采购、施工(EPC)总承包模式的合同,其中就不可避免地包含了采购环节,如果国际市场汇率波动大,承包商在不同国家采购原料时就需考虑外汇风险。同时,如果合同中缺乏针对计价支付货币发生贬值的情形的补充条款,承包商由此造成的损失将是巨大的。除此之外,还存在利率变动、金融危机等经济风险因素。

(3)社会文化风险

如今,我国企业承包的国际工程日益增多,已经不能只仅仅关注由建筑技术问题所引起的风险,而应该把更多的精力放在工程项目中由于社会文化差异所产生的风险上。毫不夸张地说,社会文化风险所导致的风险隐患仅次于政治风险,不同国家和民族的宗教习俗、语言、思维方式、法律体系、社会治安之间的差异都是引起社会文化风险的关键因素(图 1-2)。

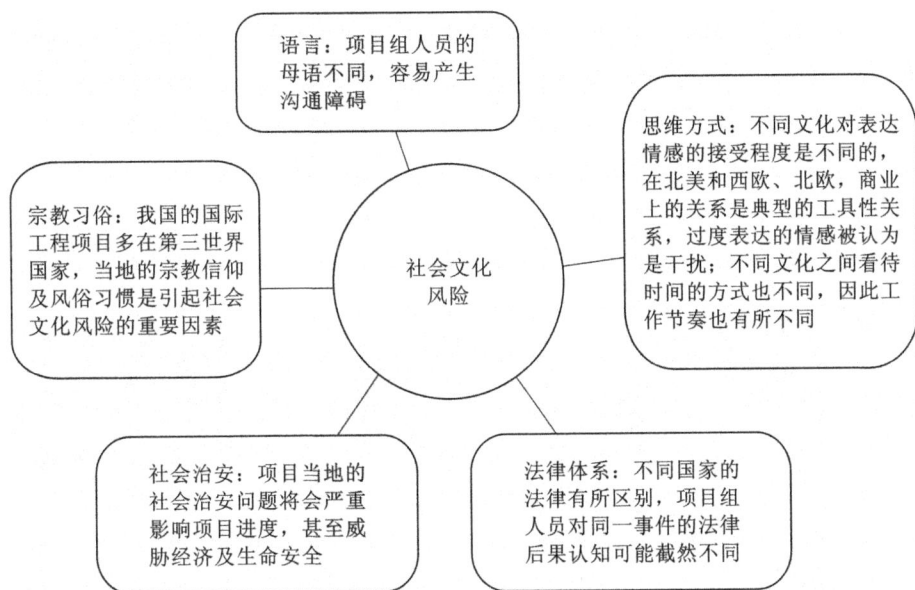

图 1-2 社会文化风险因素

举例来说,在中东地区承包工程时,承包商必须考虑当地的风俗习惯可能带来的风险。在伊斯兰国家,每年都会有穆斯林极其重视的斋月,他们会严格遵守斋月的规定,因而雇用了大量当地穆斯林的工程,其施工进度会受到严重的影响,从而可能导致一系列经济损失。

在承接国际工程时,承包商还必须考虑当地居民对我国承包商的接受度,以及当地社会治安的稳定性。如果未能提前考虑这些因素的影响,当发生骚乱、偷盗、纵火、罢工等情况和其他一些非法行为时,承包商将蒙受巨大损失。

(4)自然条件风险

自然条件风险是指由于大自然难以预测的不规律变化致使承包项目过程中可能存在物质经济损失(董志勇,2012)。自然条件风险包括两个方面:① 与项目工地选址有关的风险,这类风险往往具有不可抗力,例如雪崩、极端温度、地震等;② 项目工地自身风险,如工地自身条件不良,工地周围交通条件差等。

(5)法律风险

在国际工程中,法律风险主要指合同风险(陈思,2014)。以下几个关键风险值得承包商特别注意。

首先是合同的不完备,即语言表达有限性的风险。具体表现:① 合同条款措辞模糊可能导致对风险事故的状况、责任、性质判定的难度增大,与此同时也很难提出让双方都满意的解决方法;② 因为合约方的忽视,没有彻底完整地就有关事件制定合理公正的合同条款;③ 承包商本身由于专业能力、外语水平不足,对合同条款的语言表达评估不详尽,不能清楚地评估合同内容存在的风险。

其次是承包商合同意识薄弱所导致的风险。很多承包商仅仅将签订合同看作一种形式,无视合同的严肃性,草率签订合同,对合同中有意删减承包商维权条款所带来的风险评估不足,对保护承包商自身权益的条款认识不足,甚至主动并轻易放弃了承包商应有的权利。

最后是合同的履行资本存在的风险。如果在合同履行的过程中,工程实际状况相较于合同签订时发生了巨大变化,导致违反合同规定所要付出的代价甚至低于履行合同规定义务的成本时,合约方极有可能采取机会主义行为来争取利益的最大化。

（6）技术风险

技术风险是指承包商施工时由于各种不被预计,或者过低估计的技术问题而引发的风险。

进入 21 世纪以来,我国的施工技术水平已经发生了质的飞跃,但是在某些技术方面还没能达到国际上的高标准、高要求。如今的大型国际工程项目,往往采用新型设计、未经大量测试和验证的新型技术、大型的环保节能机电设备,来达到扩大宣传与独树一帜的效果。我国的工程承包企业承接此类大型绿色环保、新型技术项目时,必须要重点关注可能因技术因素导致的风险,以免在后期出现重大失误,导致预期经济效益无法实现。

（7）特殊风险

虽然 FIDIC 合同条件明文规定了特殊风险的定义和雇主对此应承担的责任,但对于工程所在国之外发生的诸如叛乱、政变、暴动、战争等风险,雇主却不予承担责任。这些构成特殊风险的事件如发生在承包商本国,当然另作别论,但如果发生在承包商运送临时工程、工程设备和材料,以及职员和劳务人员要经过的国家,则风险造成的损失由承包商自己承担。

1.2　风险识别

国际工程风险的识别是一个广受建筑界专家学者重视的话题,有关这个话题的研究已经持续了半个世纪。风险识别在项目的可行性评估环节中常常占相当大的比重(李莉,2016)。风险识别的主要目的是在项目实施中的众多可能发生的风险中筛选出最不可忽视且具备可控性的关键因素。风险识别的范围应当全方位涵盖,但不必把过多的精力放在十分细微的要素上,这样只会徒增工作量与经济成本,反而得不偿失。长期以来,许多学者把研究的精力都放在风险分析的定量技术上,使得各种定量分析方法研究占据了统治地位,却对风险识别的过程重视不足。

在国际工程项目中,风险是不能根绝的,上文中提及风险具有两层含义,即它既可以被有效利用,也可能会带来消极后果。高精度的风险识别要求各方面的配合与协调(杨怡婷,2016)。要想更高效准确地进行风险识别,管理人员须同时兼顾风险主动识别技术与被动识别技术两方面,接下来本书将概括性地阐述这两种技术。

风险主动识别技术离不开广泛采集风险信号。一般的风险信号采集方式有核对表法、头脑风暴法、德尔菲法、影响图法、故障树法、情景分析法、风险问卷法、流程图法等。最为常用的方法是头脑风暴法和德尔菲法,这两个方法的大体思路是一致的,就是让涉及广泛利益且来自不同领域的专家提出关于该项目风险方面的见解。不同之处是头脑风暴法是一场不匿名的讨论会议,而德尔菲法则是让专家们单独、隐匿地表达自己的观点,这两种方法各有优劣,可以互补。

管理者会仔细、反复地运用风险主动识别技术去检测项目的潜在威胁,然后制定决策。但项目实施后,总会有新的突发情况影响原本顺利的进展,因此风险仍会不可避免地出现。专家们不可能预先感知全部潜伏的风险和机遇,因此风险被动识别技术就是为一些不可完全预测的新风险而存在的。

风险被动识别技术主要包括风险检查、缺陷列表、风险检查会议、行业信息的获取、自动传感器的设置、事故调查和绩效评估。风险检查主要是指定期地检查工作场所、雇员和文件。当项目持续变化时,常规的检查尤其重要。缺陷列表是指列出每天困扰人们的、可能会潜在地影响决策结果的事情,它主要是强调小问题的累积效应不可忽视。风险检查会议是指制定决策的项目相关人员定期地组织风险检查会议,讨论风险识别的具体事项。行业信息的获取可以保证决策者得到最新的可能影响决策结果的关于项目所面临的风险和机遇的信息。自动传感器安装在可能会发生潜在客观风险的工作区,起到监督和探测的作用。事故调查是在任何给商业目标带来实际损失或收益的事件发生后所进行的全面检查,目的是吸取经验、总结教训。定期的绩效评估应使用在风险识别阶段开始时被识别出的目标、关键绩效指标和测量标准上。

风险识别的流程如图 1-3 所示。

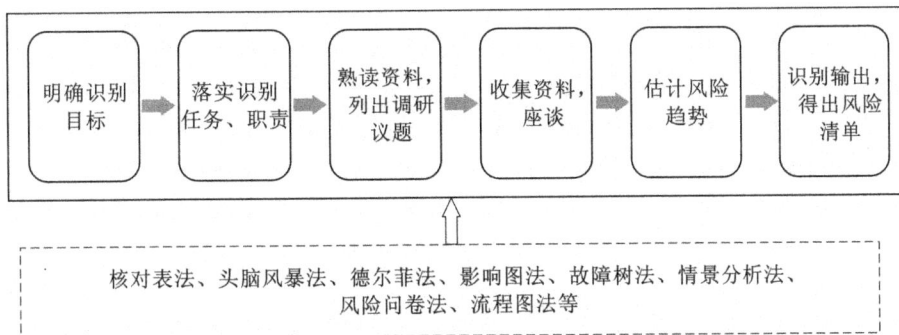

图 1-3　风险识别流程

1.3　风险评估

风险评估紧随风险识别之后,风险评估是指以识别出的风险因素为基础,结合项目的预期和资源,通过风险量级的排序,采用定性或定量的方法确定应对措施的优先顺序。专家们往往偏爱定量分析,认为在某种程度上风险评估总是伴随着复杂的统计过程和计算机程序,但是事实上,不使用数学方法来充分、连贯、全面地进行风险分析也是可以实现的。

可用来进行风险评估的工具主要有定性分析、定量分析和半定量分析三种(图 1-4),下面进行具体论述。

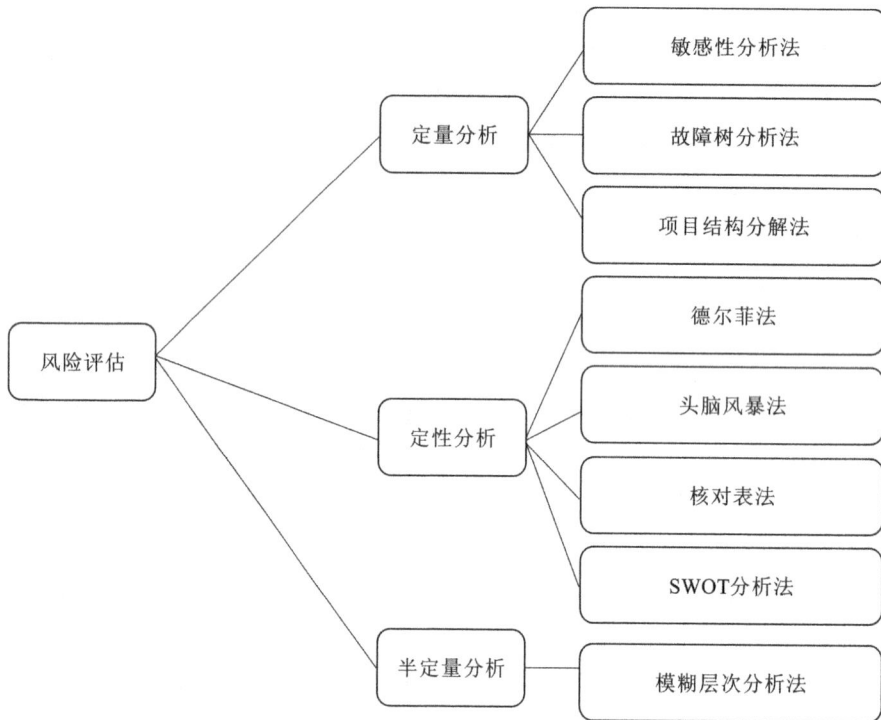

```
                                    ┌──────────────┐
                               ┌────│  敏感性分析法 │
                    ┌────────┐ │    └──────────────┘
                    │ 定量分析 │─┤    ┌──────────────┐
                    └────────┘ ├────│  故障树分析法 │
                   ╱            │    └──────────────┘
                  ╱             │    ┌──────────────┐
                 ╱              └────│  项目结构分解法│
                ╱                    └──────────────┘
                                     ┌──────────────┐
                                ┌────│   德尔菲法    │
                                │    └──────────────┘
    ┌────────┐                  │    ┌──────────────┐
    │ 风险评估 │────┌────────┐  ├────│   头脑风暴法  │
    └────────┘     │ 定性分析 │──┤    └──────────────┘
                ╲  └────────┘  │    ┌──────────────┐
                 ╲             ├────│   核对表法    │
                  ╲            │    └──────────────┘
                   ╲           │    ┌──────────────┐
                    ┌────────┐ └────│  SWOT分析法  │
                    │半定量分析│      └──────────────┘
                    └────────┘     ┌──────────────┐
                             └──────│ 模糊层次分析法 │
                                    └──────────────┘
```

图 1-4　风险评估工具

1.3.1　风险定性分析

定性分析基本不依靠数学、统计和计算机等工具方法,但它仍能充分、连贯、全面地进行风险评估。支撑风险定性分析和风险定量分析的原理大致相同,但是,风险定性分析具有两个明显的缺陷:一是它很难在某一相似的基础上对不同风险事件进行比较;二是由于它对风险事件发生的可能性和发生后果的描述较为粗略,导致评估的结果很不精确,很难将风险定性评估与一个恰当且经济上切实可行的风险应对措施联系起来。

常见的风险定性分析方法有德尔菲法、头脑风暴法、核对表法和 SWOT 分析法等。

(1)德尔菲法

德尔菲法本质上是一种反馈匿名函询法。其做法是在所要预测的问题征得专家的意见之后,对其进行整理、归纳、统计,再匿名反馈给各专家征求意见,再集中,再反馈,直至得到稳定的结果。其过程可简单描述为:匿名征求专家意见—归纳、统计—匿名反馈—归纳、统计……进行若干轮后停止。

总之,德尔菲法是一种利用函询形式的集体匿名进行思想交流的过程。它有别于其他专家预测方法的三个明显的特点:匿名性、多次有控制的反馈和小组的统计回答。

① 匿名性。匿名是德尔菲法极其重要的特点,从事预测的专家不知道还有哪些人参加预测,他们是在完全匿名的情况下交流思想的。

② 多次有控制的反馈。小组成员的交流是通过回答组织者的问题来实现的,一般要经过若干轮反馈才能完成预测。

③ 小组的统计回答。以往,最典型的小组预测结果是反映多数人的观点,少数派的观点至多概括地提及一下,这就没有完全表示出小组的不同意见。而小组的统计回答包括一个中位数和两个四分点,统计数据一半落在两个四分点之内,一半落在两个四分点之外,从而使每种观点都包括在统计中了。

（2）头脑风暴法

头脑风暴法是解决问题时常用的一种方法,具体来说就是团队的全体成员自发地提出主张和想法。团队成员在选择解决问题的方案之前,一定要提出尽可能多的方案和意见。利用头脑风暴法,可以想出许多积极的、富有创造性的方案。

头脑风暴法的做法:当讨论某个问题时,由一个记录人员在翻动的记录卡或黑板前做记录。首先,由某个成员说出一个主意,接着下一个成员说出一个主意,这个过程不断循环进行,每人每次说出一个主意,如果轮到某成员没有主意,就说"通过"。有些人会根据前面其他人的主意想出主意,也可能把几个主意合成一个或改进其他人的主意。记录人员负责把这些想法都记录下来。这个过程不断循环进行,直到想尽一切办法或限定时间已到。应当注意的是,在使用头脑风暴法时,要遵循两个主要的规则:不进行讨论,没有判断性评论。

（3）核对表法

核对表是基于以前类似项目信息及其他相关信息编制的风险识别核对表。核对表一般按照风险来源排列。利用核对表进行风险识别的主要优点是快而简单,缺点是受到项目可比性的限制。

人们考虑问题有联想的习惯。在过去经验的启示下,思想常常变得很活跃。风险识别实际上是关于未来风险事件的设想,是一种预测。如果把人们经历过的风险事件及其来源罗列出来,形成一张核对表,那么项目管理人员看了就容易开阔思路,容易想到本项目会有哪些潜在的风险。核对表可以包含多种内容,例如以前项目成功或失败的原因、项目其他方面规划的结果（范围、成本、质量、进度、采购与合同、人力资源与沟通等计划成果）、项目产品或服务的说明书、项目班子成员的技能、项目所用的资源等,这些内容能够提醒决策者还有哪些风险尚未考虑到。

（4）SWOT 分析法

所谓的 SWOT,是英文 strength（优势）、weakness（劣势）、opportunity（机遇）和 threat（挑战）的简写。SWOT 分析法作为一种系统分析工具,其主要目的是从项目的优势与劣势、机会与挑战各方面,对项目风险进行分析识别,并制定相应的战略（表 1-3）。

表 1-3 **SWOT 矩阵**

外部因素 \ 内部能力	III 优势（S）列出自身优势	IV 劣势（W）列出具体弱点
I 机会（O）列出现有的机会	V SO 战略 抓住机遇，发挥优势战略	VI WO 战略 利用机会，克服劣势战略
II 挑战（T）列出正面临的威胁	VII ST 战略 利用优势，减少威胁战略	VIII WT 战略 弥补缺点，规避威胁战略

1.3.2 风险定量分析

风险定量分析常采用敏感性分析、故障树分析、项目结构分解等方法（林五福，2016）。其中最常用的敏感性分析是一种通过测定单个或多个因素变化对项目目标的影响程度来判定因素重要性结果的方法。

虽然许多管理者和管理机构喜欢用数据来证明决策的正确性，但除了石油、化工、核能这些高危行业外，运用精确的定量分析技术来评估项目和业务风险的做法是很有限的。不使用定量分析技术可能源于两个普遍的原因：一是认为随着量化的增强，风险评估的复杂性以及成本也会增加；二是缺乏用于定量分析可依靠的准确数据，定量分析只有在其依靠的数据可靠时分析才可靠。风险定量分析的方法主要有以下几种。

（1）敏感性分析法

敏感性分析研究在项目寿命期内，当项目变数（例如产量、产品价格、变动成本等）以及项目的各种前提与假设发生变动时，项目的性能（例如现金流的净现值、内部收益率等）会出现怎样的变化以及变化范围如何；敏感性分析能够回答哪些项目变数或假设的变化对项目的性能影响最大。这样，项目管理人员就能识别出那些隐藏在项目变数或假设后面的风险。

（2）故障树分析法（FTA 法）

故障树分析法是利用图解的形式，将故障一级一级往下分，或对引起故障的各种原因进行分析。故障树分析法实际上是借用可靠性工程中的失效树形式对引起风险的各种因素进行分层次的识别，图解的形式像树枝一样，越分越多，故称故障树。

故障树分析法常用于缺乏直接经验的情况。该方法可以比较全面地分析项目的所有故障原因，包括系统内外所有的失效机理。这种方法比较形象且直观实用，不足之处是当运用于大型工程项目时，容易产生遗漏和错误。

（3）项目结构分解法

风险识别要减少项目结构的不确定性，就要弄清项目的组成、各个组成部分的性质、它们之间的关系及项目同环境之间的关系等。项目结构分解法就是完成这项任务的有效工具。项目管理的其他方面，例如范围、进度和成本管理，也要用到该方法。因此，在风险识别中利用这个现成工具并不会给项目管理人员增加额外的工作量。

1.3.3 风险半定量分析

风险半定量分析的常用方法是模糊层次分析法。风险半定量分析在一定程度上增加了风险定性分析的操作可行性,它通过将一些提前定义好的数据赋予事件发生概率及其后果的标记符,从而在风险定性分析的基础上又前进了一步,能够得到对风险事件更加精确的估计,以用于调整进度计划、预算以及投标价格。

风险半定量分析用于表征不同类别的风险及其后果的数字常常没有意义,因为被赋予了相同风险数值的两个风险事件并不等同于实际上具有相同的风险水平,它要求使用者针对不同的决策情况制定不同的风险矩阵以保证分析的准确性。

根据模糊层次分析法,并结合专家打分法,确定出风险评估指标体系的权重大小,进而构建出组合风险评估模型。该方法既保持了层次分析法的某些优势,又规避了其中的一些不足,因此评估方式更为简便,能够较好地处理一致性问题。

通过上述风险评估获得的数据和信息,最终形成风险评估成果,包括:

① 项目整体风险等级。通过比较项目间的风险等级,能够对该项目的整体风险程度做出评估。项目的整体风险等级将用于支持项目的资源投入策略及项目继续进行或取消的决策。

② 项目风险表。风险表可以按照高、中、低等级的方式对风险和风险状况做出详细的表示。风险表还可以按照项目风险的紧迫程度、项目的费用风险、进度风险、功能风险和质量风险等类别单独做出风险排序和评估。对重要风险的出现概率和影响程度要有单独的评估结果并做出详细说明。

③ 附加分析计划表。对高等级或中等级的风险应列为重点并作出更详尽的分析和评估,其中应包括下一步的风险定量评估和风险应对计划。

1.4 风 险 应 对

1.4.1 风险应对策略

在风险识别、风险评估之后,下一步是在综合权衡的基础上,提出管理措施和处置方法来应对这些风险,以降低危害发生的概率并达到降低损失程度的目的(图1-5)。从本质上来讲,应对风险的决策很简单——要么采取行动,要么听之任之。然而作为项目真正的实施者,承包商必须慎重地做出决策,从而降低潜在的风险带来的损失,并且最大限度地把握可能出现的机遇。

国际工程中,风险回避、风险减轻、风险转移、风险自留是主要的风险应对策略(于寒冰,2014)。下面将概述这四种策略的基本内涵(图1-6)。

在模糊层次分析法的基础上，进一步确认风险影响程度

↓

借鉴工程经验，认真研究风险应对策略

↓

风险排序，根据重要性等级制订风险应对计划

↓

根据项目风险情况，修正应对计划

↓

执行风险行动计划，完成结果反馈与分析

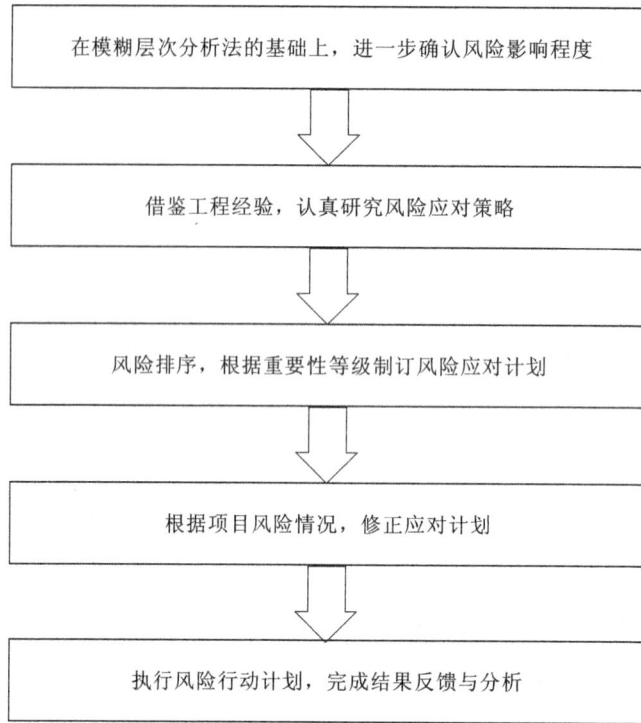

图 1-5 风险应对流程

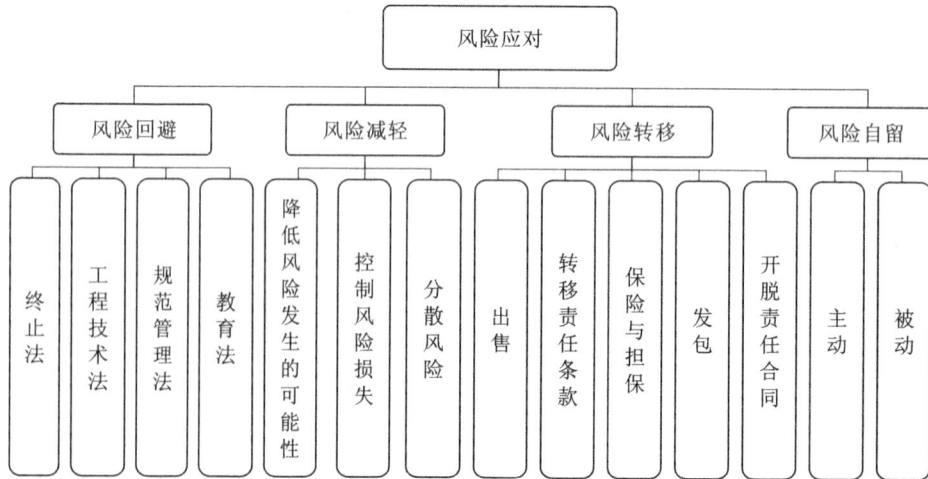

风险应对

- 风险回避
  - 终止法
  - 工程技术法
  - 规范管理法
  - 教育法
- 风险减轻
  - 降低风险发生的可能性
  - 控制风险损失
  - 分散风险
- 风险转移
  - 出售
  - 转移责任条款
  - 保险与担保
  - 发包
  - 开脱责任合同
- 风险自留
  - 主动
  - 被动

图 1-6 风险应对策略及方法

（1）风险回避

风险回避是最基础的一种风险应对策略。应对威胁的理想选择是规避威胁,这样就确切地、彻底地避免了产生损失的可能性。风险回避策略也有其局限性,它并非总是可行,一方面是因为在国际工程项目中某些风险不能回避,当一个企业决定不参与投标来规避风险就意味着该企业不得不在别处寻找新的契机;另一方面是因为在很多情况下采取该策略的成本太高。风险回避的窍门是规避不受节制的风险,承担并管理可以节制的风险。

（2）风险减轻

风险减轻在很多情况下是一种更现实的选择,是一种积极的风险应对策略并且能够通过多种方式实现,但它并不能如风险回避那样从根源上消除风险,只能根据风险基准或项目风险承受度进行减轻风险的方案设计。例如,企业可以通过引入培训计划来防止人为错误引起的风险;也可以变更项目某些方面的设计、材料以及工艺来减轻技术风险;游说公众和社区咨询可以减轻公众对项目的误解并降低社会文化风险;兼并竞争对手来消除竞争风险,比如兼并一个主要供应商来确保关键原材料的质量,从而达到预期的标准。

实际上有许多被个人的想象力所限制的策略可以用来减轻风险,集思广益才能考虑如何更好地处理在实施了所有合理可行的风险减轻措施后仍然遗留的风险。制订减轻风险的计划要求承包商掌握风险影响因素、发生的可能性、造成的后果和危害的可控性等方面的知识。例如在一个真实的案例中,当地居民对噪音和粉尘的关注影响到了现场作业时间,当地政府让居民参与到项目计划里,并提供一定量的资金做担保,如果工人们在允许工作时间外工作,居民们就可以没收这项担保的款项,这种做法最终平息了居民们的愤怒与焦虑。上述风险主要是由一种相对可控的因素造成的,所以在风险应对上,不妨选择对风险成本较低的因素进行调控,因为工作时间受限的潜在后果完全值得大额担保的付出。

（3）风险转移

风险转移是指将风险责任转移给最有能力的承担者进行分担。当风险转移通过转移到外部来实现时,它可以是保险和撤资的形式,也可以是转移给商业伙伴的形式。风险转移的本质决定了它不能消除风险,但它有着不同于上述两种风险应对策略的独特优点,是最为有效的风险应对措施,在国际工程中常常被采用,但被转移者是否能够承担风险实际造成的重大损失也是需要考虑的重要因素。

当企业选择将风险转移给保险公司时,这确保了超出项目团队的技术、能力和经验范围的风险能够通过保险公司的最优方式得到控制。不可否认的是,保险是使一个项目顺利进行的一项关键因素,在许多项目中保险几乎是毫无疑问会被安排办理的,但是承包商们还是不能过分地依赖它而忽视其他可行的风险转移措施。

当企业选择将其内部风险转移给外部商业伙伴时,其主要优势在于:它为有效地管理企业内部可能出现的风险提供了一种外在激励,从而使企业内部获得更高水平的服务质量。要充分地转移风险,有必要考虑一个潜在风险可能带来的所有后果,并为其采取恰当的预防措施。例如,合同中的一个明示条款用于将不利的地面条件的风险转移给承包商,但是地面的勘查数据由业主提供。此时,由于法律分配风险的方式很复杂,因此可能需要另一个明示条款来避免部分风险又重新转移给业主。有一点值得承包商注意,那就是风险的接受者即商业伙伴必须要充分意识到自己所要承担的责任同时也有能力(专业技能和权利)去避免、监督和控制危害的发生或降低危害的影响程度。

(4)风险自留

风险自留一般发生在项目管理人员无法采取其他有效的风险应对策略的情况下。在很多情况下,组织不知不觉保留了风险,这就需要在应急计划里加以必要的考虑,以免将企业暴露在灾难性损失的风险之下,同时,这也需要管理者的全方面衡量,例如,一个偏好风险的组织更有可能保留剩余风险而不是将其转移给另一方。

1.4.2 工程保险

工程保险(Construction Insurance,CI)是一种精算保险,它具有非常典型的低概率、高影响的特点,是应用最为广泛的风险应对策略。

工程保险是保险公司对投保人的物质财产损失或第三方责任进行赔偿的保险(张冀皖,2016)。保险的使用在国际工程中看似一劳永逸,实则不然。在国际工程中保费是一笔昂贵的支出,承包商或是业主绝不能一味地依赖保险,将它作为应对风险的首选。保险仅仅应当被用于处理那些无法完全被控制但是又真正存在并可能影响预期经济效益的风险。保险与风险之间存在密不可分的关系,保险可以有效地应对风险的不良后果并减轻投保人的经济损失,而风险同时也掣肘并影响着保险的各种基本属性,图1-7展示了风险与保险之间的关联性。

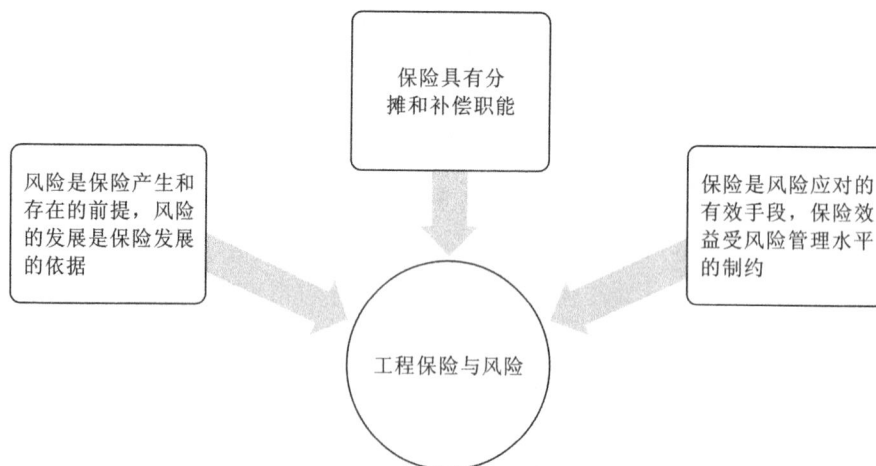

图1-7 工程保险与风险的关系

在国际工程项目中,承包商为了降低合同履约即项目施工中的风险,可以办理的保险险种包括如下几类。

(1)建筑工程一切险

建筑工程一切险的保障范围最为广泛、全面,其针对的风险类型:① 不可抗力的台风、海啸等;② 意外事故;③ 人为事故。然而事实上,在国际工程中业主或者承包商几乎鲜少选择该险种,而是针对项目情况选择部分具体险种进行投保。

（2）雇主责任险、人身意外伤害险及第三方责任险

雇主责任险、人身意外伤害险和第三方责任险这三个险种类似,其提供的都是自然人在工程中遭受意外伤害导致伤残、死亡的医疗费用支出及补偿费用,区别在于保险的标的以及投保人。

（3）责任保险

在国际工程中,责任保险用于保障工程人员由于自身工作失误、疏忽导致的工程损失,该保险的应用十分广泛。

（4）货物运输险和施工机具险

货物运输险针对的是工程中机械设备的运输风险,施工机具险针对的是施工过程中机械、设备、器具及工具的使用风险。

1.5 风险预警与预控

1.5.1 风险预警

在西方国家,经济预警(Economic Early-Warning)的思想产生于19世纪末,经济预警的研究是从经济周期波动的研究开始的。1968年,以Altman为代表的学者引入多变量分析方法创建了企业经营成败的预警模型。1979年,美国经济研究所与哥伦比亚大学国际经济循环研究中心合作,建立了以美国、加拿大、法国、英国、德国、意大利、日本等七个发达国家的经济数据为基础的"国际经济指标系统",用以监测全球经济动态,预测未来经济走向。到20世纪80年代中期,印度尼西亚、马来西亚、菲律宾、泰国、韩国、印度、新加坡等国家以及中国台湾、香港地区,都将经济预警纳入宏观经济管理的政策之中,纷纷建立了各自的经济预警指标系统。现在许多国家建立的经济预警系统大多是参照美国模式建立起来的。但是在预警指标的选择标准上和预警依据上各有特点。

风险预警,是指对于项目管理过程中可能出现的风险,采取超前或预先管理的方式,一旦在监控过程中发现有风险的征兆,即采取校正行动并发出预警信号,以最大限度地控制不良后果的发生。

国际工程承包风险预警系统是度量国际工程承包项目运作过程中某种状态偏离预警线的强弱程度、发出预警信号并提前采取防范措施的系统。该系统通过实时跟踪国际工程承包风险因素的变动趋势,测评风险所处状态,可以及时向工程承包商发出警报,为决策者掌握和控制风险争取更多的时间。风险管理的良好开端是建立一个有效的预警系统,及时察觉计划的偏离,以便高效地实施风险管理。风险管理的关键在于培养敏锐的风险意识,建立科学的风险预警系统,从"救火式"风险监控向"消防式"风险监控发展,从注重风险防范向风险事前预警与控制发展。

国际工程承包风险预警的主要任务是确定风险预警的指标体系,将某一风险指标的得分与事先确定的预警范围比较,对超出警戒范围的风险因素进行预警,并运用数学方法建立模糊综合评价模型,测算出各种指标对国际工程承包项目的综合作用情况,得出该国际工程承包项

目的风险程度并发出相应的预警。

模糊综合评价法是对影响国际工程承包项目的风险因素进行模糊变换,将风险因素转换成明确的数字,并做出综合的评价结论,根据事先设定好的风险等级指标,判断出该风险属于哪个级别,并据此进行决策。

1.5.2 风险预控

风险预控的主要任务是针对发出预警信号的风险因素分析其性质,寻找应对的方法,使承包商尽量规避风险,减少甚至不遭受损失。其主要功能是事先准备好在各种风险条件下的应急对策或对策思路,一旦发出风险预警,则根据预警信息的类型、性质和警报的程度调用相应对策。但对策一般不会很详细,只是提供一些方法和思路,目的在于当发生警报时决策者不至于手足无措、忙中出错,能够按照预控对策的思路去寻求更具体的实施方案。

2 国际工程项目分包风险管理

2.1 国际工程承包概述

2.1.1 我国国际工程承包业务发展现状

随着全球经济一体化的深入发展,我国的综合国力在不断增强。在国家鼓励开展国际工程合作、对外承包工程的政策引导下,我国国际工程承包业务迅猛发展,规模也日益扩大,国际竞争力显著提高。根据商务部的统计,2018年我国国际工程承包业务完成营业额1.12万亿元,新签合同额1.6万亿元。可以预见,在未来几十年内,我国国际工程承包业务仍将保持增长态势。这也预示着我国的国际工程承包业务已经进入了平稳、快速的发展时期。

在整体业务规模快速扩大的同时,我国承包的国际工程的项目规模和档次也在不断提高。我国国际工程承包业务整体的发展特点:模式不断创新,产业分工体系深化,承包商综合实力不断增强,经营管理日益科学化、信息化、规范化,更加重视工程安全和绿色建筑,国际金融机构的支持力度进一步加大等。

2.1.2 国际工程承包市场现状

1.行业市场

目前,国际工程承包市场潜力巨大。根据美国《工程新闻记录》(简称 ENR)杂志 2018 年公布的"全球最大 250 家国际承包商"的榜单,2017 年 ENR 全球最大 250 家国际承包商的国际营业收入总额为 4 824 亿美元,同比增长 3.1%。这是其国际营业收入总额自 2014 年、2015年和 2016 年连续三次下降后首次出现增长。中国内地企业 2018 年进入榜单的达到 69 家,同比增加 4 家,国际营业收入总额达到 1 140 亿美元,同比增长 15.6%,相比上年 5.4%的增长明显提速。中国承包商的国际营业收入额在除美洲以外的大陆都有明显的增长,尤其是在亚洲(包括澳大利亚)、非洲以及中东地区。2017 年我国企业承包国际工程新签合同额排名 TOP10见表 2-1。

表 2-1　　　　　**2017 年我国企业承包国际工程新签合同额排名 TOP10**　　　　（单位：万美元）

序号	企业名称	新签合同额
1	中国建筑集团有限公司	2 311 402
2	中国水电建设集团国际工程有限公司	2 036 209
3	华为技术有限公司	1 524 669
4	中国葛洲坝集团有限公司	1 134 314
5	中国冶金科工集团有限公司	1 054 736
6	中国港湾工程有限责任公司	1 050 843
7	中国土木工程集团有限公司	988 995
8	中国铁建股份有限公司	799 966
9	中国交通建设股份有限公司	740 578
10	中铁国际集团有限公司	694 570

数据来源：第二届"一带一路"国际合作高峰论坛. 国际工程承包市场：企稳向好——2018 年度 ENR 全球最大 250 家国际承包商业绩解读[EB/OL].[2018-09-07]. https://www.imsilkroad.com/news/p/109970.html.

2.区域市场

（1）亚洲市场

亚洲是全球经济增长最快的地区，2017 年该地区 GDP 增长了 5.5%，远高于全球 2.9% 的水平。同时，亚太地区又是世界上规模最大的建筑市场。当前，印度、巴基斯坦、马来西亚、越南、菲律宾、泰国、印度尼西亚等国家均制定了庞大的固定资本投资预算，建筑业投资额增长都在 6% 以上，市场需求旺盛。2017 年，全球最大 250 家国际承包商在亚洲（包括澳大利亚）地区的营业额为 1 276 亿美元，增长了 6.1%，增长额约 73 亿美元。随着"一带一路"倡议的推进和沿线各国对基础设施投资的加强，我国承包商在亚洲地区的营业额上涨 26%，市场份额达到 37.7%，营业收入同比增长了 100 亿美元，达到 481 亿美元，继续高居第一。

在未来较长时间内，由于亚洲持续高速发展的经济对基础设施的迫切需求，亚洲地区仍将是全球最大的国际工程承包市场。

（2）中东市场

随着油价走低，中东国家出现了巨额财政赤字，工程招标项目数量和金额递减。2014 年以来，中东国家已授标的合同额连续下降，2017 年仅为 1 080 亿美元。在市场萎缩阶段，承包商将面临更多的竞争对手、更严格的审查、更低的利润以及更多的不确定因素的挑战。目前，沙特仍是中东地区最大的工程承包市场；阿联酋的经济多元化将带动相关领域的建设；卡塔尔由于筹办足球世界杯,基础设施投资项目数量激增。

2017年,全球最大250家国际承包商在中东地区的营业额为814亿美元,同比小幅下降了3.1%,预计今后将逐步回归增长轨道。在中东市场低潮期,只有来自中国和西班牙的承包商获得了营业额20%以上的大幅增长,其他国家承包商的营业额均不同程度下降或勉强维持小幅增长局面。韩国一直以来都是中东市场的主要承包商,但2017年韩国承包商在中东地区的营业额出现大幅下跌。

（3）非洲市场

非洲大陆约有一半国家的经济严重依赖油气和矿产资源出口。2017年,受市场环境的影响,全球最大250家国际承包商在北非地区的营业额为229亿美元,同比小幅下降3.1%。在非洲南部地区,全球最大250家国际承包商的营业总额为395亿美元,同比小幅上升4.3%,带动整个非洲大陆同比小幅增长1%。2017年,无论北非地区或非洲南部地区的建筑市场,相比2016年都有一定程度的改善。但限于复杂的政治经济形势,近期非洲市场很难迅速恢复到2014年以前的增长势头。

（4）拉美市场

2016年,拉美经济整体同比下降0.9%,严重依赖初级产品出口的南美洲国家的下降幅度更大（下降2.2%）,巴西、阿根廷、委内瑞拉等国陷入严重的经济衰退,拉美经济增长的引擎熄火。2017年,随着大宗商品价格的回升,拉美地区经济迎来拐点,实现了1.7%的增长。

但是,拉美地区经济的复苏仍不够稳定,增长较快的国家是哥伦比亚、智利、秘鲁、墨西哥等。根据ENR的统计,2016年全球最大250家国际承包商在拉美地区的业务跌幅较大,2017年仍然下跌,但跌幅已经显著收窄。由于基础设施建设较为薄弱,拉美地区普遍有着宏大的基础设施规划,2017—2022年规划中的工程项目数量近3 000个,投资总额约1.2万亿美元。但由于很多项目处于规划初期,且相当多的项目采用PPP模式,实际落地可能存在一定困难。

（5）欧洲市场

2015年以来,阴云笼罩的欧洲大陆逐渐云开雾散,虽然还有英国脱欧、难民危机的问题持续困扰,但统计表明,欧洲的经济确实回到了增长的轨道上来,宽松的货币政策和极低的利率水平支持了欧元区经济的发展,欧洲经济的增长推动了欧洲建筑业的复苏。

2014年,欧洲建筑业重新回到增长轨道,此后,2015年增长了1.7%,2016年增长了2.5%,2017年进一步增长到3.9%。荷兰、爱尔兰、西班牙以及北欧三国的市场发展最为迅速,德国和法国等规模较大的市场也重现稳健的增长。目前欧洲市场整体增长势头有所放缓,但仍保持稳健的增长势头,特别是东欧的一些国家如波兰、匈牙利等都开始触底反弹。

（6）北美市场

北美市场是全球市场中唯一自2011年以来连续7年保持稳定增长的市场。以美国为例,2013—2015年,美国建筑市场在金融危机的肆虐之后强烈反弹,建筑业投资呈现10%以上的增长态势。2016年以来,增长虽有所放缓,但增长率仍达到5%左右。美国市场是以住宅建筑和非住宅建筑为主的市场,基础设施建设的比例只占20%左右。

2017年以来,随着美国经济的强劲复苏,美国失业率降到历史较低水平,对住宅的需求稳步上升,因此带动美国住宅建设市场快速增长。在基础设施方面,特朗普政府许诺的1万亿美元基础设施建设计划虽然推进缓慢,但交通工程和市政道路领域投资项目有所增加。

2.1.3　国际工程承包的特点

国际工程承包由于其自身的特殊性,一般来说有以下特点。

（1）合同主体的多国性

合同签约各方属于不同国别,可能涉及多国的不同法律制度的制约,诸如招投标法、建筑法、公司法、经济合同法、劳动法、投资法、金融法、外汇管理法、各种税法、社会保险法、外贸法等。在法律不完备的发展中国家,还有许多不成文的行业习惯做法,以及未明示但有"约束力"的国际惯例,签约时必须引起足够的注意。对于大型、复杂的国际工程项目,其承包建设可能涉及许多国家,如工程所在地、总承包商的注册地,还有贷款金融机构、咨询和设计公司、设备供应和安装公司、各类专业工程分包商以及劳务人员等可能都分属不同的国家,由多个不同的合同和协议规定它们之间的法律关系,这些合同和协议并不一定全部适用于工程所在国法律,特别是解决它们之间的争议并不一定都采取工程所在国的仲裁程序或司法程序。这一特征使国际工程承包的法律关系变得极为复杂。

（2）货币和支付方式的多样性

国际工程承包要使用多种货币,承包商要使用国内货币支付国内应缴纳的费用和总部的开支;要使用工程所在国的货币支付当地费用;还要使用多种外汇以支付材料、设备等的采购费用。国际工程承包的支付方式除了现金和支票外,还有银行信用证、国际托收、银行汇付、实物支付等不同方式。由于业主支付的货币和承包商使用的货币不完全相同,而且是在整个漫长的工期内按完成的工程逐步支付,使承包商时刻处于货币汇率浮动和利率变化的复杂国际金融环境之中。

（3）国际政治、经济影响因素的作用明显增大

国际工程项目会受到国际政治和经济形势变化的影响。例如,某些国家对于承包商实行地区或国别的限制或歧视性政策;还有些国家的项目受到国际资金来源的制约,可能因为国际政治、经济形势变动（例如制裁、禁运等）而终止,或因工程所在国的政治形势变化（例如内乱、战争、派别斗争等）而使工程中断。国际承包商必须密切关注工程项目所在国及其周围地区,乃至国际大环境的变化和影响,采取必要的防范风险的措施。

（4）技术规范庞杂、差异性大

国际工程都要求按照被国际广泛接受的技术标准、规范和规程实施。在国际工程项目合同中如果不规定统一的标准、规范和规程,就可能把工程弄得杂乱无章而争议不断。承包商进入国际市场,就必须熟悉国际常用的各种技术标准和规范并使自己的施工技术和项目管理达到国际标准、规范和有关管理制度的要求。

（5）可变因素多,风险与机遇并存

一方面,国际工程承包历来被公认是一项"高风险事业",与国内工程相比,其风险大得多,有政治风险、经济风险、自然条件风险、经营管理失误风险等。如果说政治风险只是局部发生的,那么经济风险则是普遍存在的。1997 年,发生在泰国而影响到全球的亚洲金融危机使众多国际承包商受损严重,其中就包括若干中国企业。另一方面,国际工程承包的风险是可控的,尽管国际工程承包有很大的风险,但只要承包企业善于总结经验和教训,在认真调查研究的基础上,切实改善经营管理,完善合同条款,采取必要的防范措施就可以避开较大的风险,同

时,还可以利用风险带来的机遇谋求进一步发展,使自己成为驾驭风险的成功者。

（6）建设周期长,环境错综复杂

通常情况下,国际工程从投标、缔约、履约到合同终止,再加上试运行期,工程周期最少也要两年,大型或特大型工程周期通常在十年以上,长时间的施工期会出现诸多因素的变化。国际工程涉及的领域广泛、关系众多,加之合同期限长,常使承包商面临诸多难题,如资金紧张、材料供应脱节、清关手续烦琐等。国际工程承包项目实施要涉及多方面的关系,有些大型工程项目的实施从纵向和横向关系看,不仅是承包商和业主两方面的关系,有时涉及几十家公司,需要签订几十份合同。所以承包商不仅要处理好与业主、监理工程师之间的关系,而且要花大量精力去协调各方之间错综复杂的关系。

2.2 国际工程项目分包概述

2.2.1 国际工程项目分包的定义与原因

分包（Subcontract）,是指从事工程总承包的单位将其所承包的工程项目的一部分依法分包给具有相应资质的承包单位的行为。其中,总承包方并不退出承包关系,其与分包方就完成的工作成果向发包方承担连带责任。

项目分包的原因有以下几点。

（1）技术要求

工程总承包商在承担某些项目时不可能也不必具备总承包合同工程范围内所有专业工程的施工能力。通过分包的形式可以弥补总承包商技术、人力、设备、资金、管理等方面的不足,达到降低项目成本、提高效率、最大限度发挥企业核心竞争力的目的。分包商通过与总承包商在建设项目各个环节的建造过程相协调,实现最佳业务绩效,从而增强企业整体的业务表现。同时总承包商可通过承包自己不能独立完成的大型工程,扩大营业范围。

（2）经济目的

对于有些专业性较强的工程,如果总承包商独立承担可能会因为技术和成本上的原因导致盈利较少甚至亏本。总承包商为了避免不必要的损失,就可以让报价低同时又有相关技术能力的分包商承担这些工程,并获得一定的经济效益。

（3）风险控制

通过分包,总承包商可以将分包项目的风险转嫁给分包商,从而降低自身风险。总承包商和分包商共同承担总承包合同风险,可以减少风险发生的概率、影响程度和范围,提高抵御风险的能力。

（4）业主要求

某些工程项目由于某种特殊原因,业主会在总承包合同中要求将一些工程项目分包出去,有时还会指定分包商。例如,由于重大设计变更导致施工方案发生重大变化,致使承包商不具备相应的施工能力;由于承包商原因,导致施工工期拖延,承包商无力在合同规定的期限内完成合同任务;项目有特殊技术要求、特殊工艺或涉及专利权保护等。

2.2.2 我国国际工程项目分包现状

随着世界经济的复苏和整体经济环境的好转,对建筑工程市场的资本投入开始快速增长,国际工程承包市场正处于迅猛发展的时期。近年来,我国国际工程承包行业取得了骄人的业绩,工程建设项目逐年增多,这既给工程承包企业发展带来了机遇,也对企业管理水平提出了新的挑战。面对蓬勃发展的国际工程建设市场,我国不少工程承包企业体制还不够健全,缺乏市场竞争历练,业务范围狭窄,更缺少高水平的技术、服务和管理能力,企业建设管理能力不足和行业市场不断扩大的矛盾逐渐凸显。在这样的局面下,对工程实施项目分包是增强企业施工能力、提高建设质量、扩大业务范围的一种重要的有效途径和手段,目前我国政策上也鼓励项目分包。大型工程承包企业将承包的工程项目部分分包出去,有利于内外资源优化配置和施工规模迅速扩大。国际工程分包市场发展极为迅速,然而,国际工程中的风险是较高的,特别是大型工程,因项目投入大、工期长,易受不可预见的外部因素如自然灾害、暴乱、战争等影响,而造成巨大的损失。因此,我国国际工程承包企业要提高风险管理意识,尤其要注意分包风险管理。

2.3 国际工程项目分包风险识别及评估

2.3.1 国际工程项目分包风险分类

项目分包风险是指由于项目分包而造成建设项目达不到预期目标的不确定性,或对项目目标实现的消极影响的不确定性。国际工程项目一般都十分复杂,工期延长、投资超标、质量合格率低都是十分普遍的现象,施工安全也是人们最主要担心的问题。国际工程项目分包分为劳务分包和工程分包,两种分包形式的风险分为劳务分包风险和工程分包风险。下面按照项目分包形式进行风险分类。

1. 劳务分包风险

(1) 劳务分包

劳务分包是指总承包商或者专业分包商将其承包工程项目的劳务作业发包给劳务输出企业完成的过程。劳务分包是现在国际工程建设行业的普遍做法,也是法律所允许的。但是法律禁止劳务输出企业将承揽到的劳务分包再转包或者分包给其他的单位。

随着现代项目管理方法的应用,总承包企业逐渐向管理层和劳务层"两层分离"的方向发展。施工过程中,单个承包商虽然具有较强的管理能力,但往往由于在人力、设备等方面的施工力量不足而不能满足施工需求,因此劳务层逐渐由原先的固定用工形式转换为劳务分包形式。但在实际操作中,劳务分包往往没有统一的形式,并缺乏统一的规定。根据行业现状,劳务分包存在的形式可简单划分为以下几类:

① 自带劳务承包。企业"两层分离"后，企业内部有实际经验的正式员工经过考核后成为工长，劳务人员一般由工长招募，由企业统一管理，工资由工长配合企业统一发放。企业将所承建工程的劳务交由本企业员工具体承包实施，该承包人自招工人，从形式上看，承包人与工人之间已形成了劳务关系，但该承包人系企业的员工，是以企业的名义履行承包合同，故该承包合同属于企业内部承包合同。这种承包经营方式带来了企业经营管理方式的变化，施工合同履行主体没有变更。

② 零散的劳务承包。由于项目劳动短缺，企业临时招用工人。承包人和分包人的法律地位不相同，承包人仅仅是工费承包，并且一般从事的是工程中单一工种的作业，不对工程项目的承建进行独立管理，也不对工程质量承担终身责任。承包人在提供劳务期间属于临时性质的劳务人员，不承担施工期间发生的伤害事故、安全问题等责任，仅对发包人承担"合格"的质量责任。

③ 成建制的劳务分包。该劳务分包实质属于工程分包性质，是指以企业的形态从施工总承包企业或专业承包企业处分项、分部或单位工程地承包劳务作业。该分包形式中，承包人地位等同于分包人地位。

劳务分包的含义准确来说是指第三种成建制的劳务分包，前两种形式的劳务分包从某种层面上来说是临时用工。

(2)劳务分包风险分类

作为劳动密集型行业，国际工程建设行业吸纳了大量的富余劳动人口。目前很多情况下劳务分包只是项目现场组织的一种形式，实际组织者往往仍以非法人（或者采取挂靠法人形式）的施工队为主，虽然这在法律上是不允许的，但是这种现象还是广泛存在。由于没有真正的法人承担责任，劳务人员的权益难以得到保障。对于承包商来说，劳务分包产生的风险主要有以下几种：

① 分包队伍选择风险。很多工程承包企业对劳务分包的招标制度执行力度不够，流于形式，对劳务分包队伍的选择不严格，使得劳工队伍社会背景复杂，管理难度大，不容易调度，对施工质量和进度造成影响。

② 分包合同管理风险。许多工程承包企业对劳务分包合同缺乏足够重视，有时对劳务分包队伍甚至没有合同的约束，只有简单的书面协议或口头协议，双方的责任和义务不明确，容易形成管理漏洞。一些劳务分包队伍正是利用合同管理的盲点，工程量计算不准，财务管理混乱，使工程承包企业损失严重。还有一种情况是业主将工程总包给工程承包企业后，又通过附带劳务分包合同，自行指定劳务分包队伍。这种情况通常叫作甲指分包，也是分包合同管理风险的一种形式。甲指分包对于工程承包企业而言，最大问题在于工程结算权在业主手中，难以对劳务分包队伍进行有效控制，施工协调困难，工程进度和质量难以保证。

③ 施工过程控制风险。施工过程控制风险主要表现为对劳务分包施工缺乏过程控制。劳务分包队伍普遍倾向于选择施工简单、技术单一、工程量大的有利作业面，只干大活，导致劳务分包大材小用，小材不用，材料浪费严重，细部与高难度部位处理不及时。工程承包企业在劳务分包队伍进场后，管理粗放，缺乏过程控制，施工日志记录、技术交底敷衍了事，容易造成隐蔽工程的质量缺陷，影响施工质量，造成安全隐患。总承包企业难以对劳务分包队伍统一部署，增加了工程质量和进度控制的难度。

④ 劳务再分包风险。虽然劳务二次分包为法律所不允许,但是目前这种现象仍然存在,并且总承包企业对劳务二次分包不能有效控制。一般情况下,工程承包企业初次选择的分包队伍经过评估和考察,实力较有保证,可以帮助企业预防风险。但很多二次分包队伍就只有自然人个体即施工工人,资质和技术力量差,抵御风险能力弱。二次分包也会造成承包商和分包商之间的管理跨度加大,增加了管理层级,延缓了指令传递速度,降低了执行力,增加了企业的管理风险。

⑤ 财务管理风险。由于业主资金不到位、承包商资金流通不畅等原因,农民工工资遭拖欠的情况经常出现,既扰乱了市场秩序,还直接影响了社会稳定。在工资支付滞后、拖欠的情况下,农民工常会组织集体讨薪或到政府部门上访,容易形成群体性事件,不但影响施工进度和工程质量,还会带来社会问题,政府干预调查也将直接影响施工企业的信誉。

2. 工程分包风险

(1)工程分包

工程分包是指工程总承包商将所承包工程中的部分工程发包给具有相应资质条件的分包商。施工总承包项目中工程主体结构的施工必须由总承包商自行完成。工程总承包商按照总承包合同的约定对业主负责;分包商按照分包合同对总承包商负责。总承包商和分包商就分包工程对业主承担连带责任。

工程分包分为一般分包和指定分包。

一般分包是指总承包商将其所承包工程中的除总承包合同中已约定的分包工程外的部分工程发包给具有分包工程相应资质的其他施工企业完成的活动。

指定分包是指业主考虑到某部分的工作内容有较强的专业技术要求或者施工专利保密性等原因,而一般承包单位不具备相应的能力或不方便进行施工,为了保证项目和合同完整性,也为了避免各种干扰,将这部分工程指定分包商实施。合同中,指定分包是一项重要的发包方式,在国际上被广泛采用。由于指定分包商与承包商签订的也是分包合同,因而与一般分包商在合同关系和管理关系方面地位相同。

(2)工程分包风险分类

由于国际工程建设的特点和建筑市场的环境,工程建设过程中存在着大量的不确定因素和风险,根据风险来源,可将工程分包风险分为:

① 市场类风险。市场类风险是指由于市场价格的不确定导致损失的可能性,也包括政策上的变化导致市场发生变化所带来的风险。市场类风险包括战争或内乱;政府没收与征用;政策与法律法规变化;社会风气与治安状况;国际关系、国际信誉等。对于大多数工程分包项目而言,市场类风险是最直接也是最主要的风险。

② 合同类风险。合同类风险包括标书或合同条款不合理,合同中没有将承包商和分包商各自应承担的风险表达清楚,致使双方的权利与义务不平衡;合同条文没有明确合同双方责任权利关系,文字表达不准确、不严谨,没有考虑到合同在具体实施过程中产生的各种情况等。

③ 工程类风险。工程类风险主要包括项目的质量风险和进度风险。具体来说有影响工程实施的气候条件和地质灾害等自然风险；施工现场的地理位置不佳；分包商技术力量、施工力量、装备水平不足；项目规划设计、施工方案、施工组织存在缺陷和漏洞；现场条件不符合施工技术规范要求；设计变更；新技术、新工艺以及特殊的设备在项目施工中的使用等。

④ 经济类风险。经济类风险包括通货膨胀；业主经济状况恶化，支付能力差，甚至无力支付工程款；承包商资金供应不足，周转困难；带资承包或实物支付的风险；出具保函的风险；外汇及汇率变动；保护主义、税收歧视；分包企业和相关个人所拥有、租赁或使用的财产，可能被破坏、损毁以及盗窃等风险。

⑤ 责任类风险。责任类风险是指承担法律责任后对受损一方进行补偿从而使自己蒙受损失的可能性。责任类风险包括管理班子的配备；管理人员的选用；施工人员的积极性；与业主、监理工程师、分包商的关系；合同管理与分包商索赔等。

2.3.2 国际工程项目分包风险识别

我国学者对风险的识别进行了较为深入的研究。复旦大学费朵(2008)介绍了风险识别的主要内容，并提供了对风险识别的方法。周红波(2009)使用 WBS-RBS 方法对地铁基坑故障进行了风险识别并提出了相应预防措施。胡丽(2011)对使用 PPP 模式进行城市基础设施融资过程的风险进行了识别。宁钟(2007)运用情景分析法提出了一套包括供应链风险的背景设定、风险因子识别、情景开发、供应链薄弱环节识别和风险组合构建的识别流程，并结合某个全球性公司案例，分析了其全球供应链风险的情景识别。廖理(2014)借助网络借贷平台数据对非完全市场化利率与风险识别进行了研究。我国学者对风险识别方法与应用都有较多探讨。

1. 工程项目风险识别的目的

工程项目有进度、质量和成本三个主要目标，风险识别是一项贯穿这三个目标实现全过程的项目风险管理工作。这项工作的目的是识别和确定出项目究竟存在哪些风险，风险具有哪些基本特征，这些风险可能会影响项目的哪些方面等，识别这三个目标所面临的风险是项目管理风险识别中的首要任务。

风险识别是风险管理的基础，是在收集资料并将资料归纳、总结、研究之后，运用科学手段对潜在和已存在的风险进行识别，从而了解项目所有可能面临的风险及遭受损失的来源。通过风险识别应当获取以下信息：

① 潜在或存在的导致风险发生的因素；

② 风险发生的后果和严重性；

③ 风险发生的概率；

④ 风险发生的周期；

⑤ 风险与本项目或其他环境的相互影响。

2.工程项目分包风险识别的方法

（1）风险识别类型

Mohammad A. Mustafa(1991)阐述风险识别是国际工程项目风险管理的基础,项目管理人员收集资料和调研之后,运用各种方法对潜在和存在的各类风险进行识别就是为了找出风险,防止项目工程在进度、质量和成本三个方面产生损失或将损失减少到最低。进度、质量和成本是工程的三大目标,在风险识别的实际应用过程中,要从主观和客观信息源出发为完成这三个目标选择合适的风险识别方法,以便减小风险被主观夸大或缩小的可能性,减小风险被遗漏的可能性。

① 工程进度风险识别。影响工程进度的因素主要有建设环境、项目业主、与分包商默契程度、工程项目设计和施工等。工程进度风险对工期是否有影响,即是否形成工程项目工期风险,也需要识别。并不是每一个进度风险都对项目工期有影响,要具体分析工程项目中哪些活动或子项目受进度风险因素影响,影响的程度有多大,然后根据项目进度计划做出综合分析。

工程进度风险分析可借助运营管理的原理,用关键路线法进行分析,一般而言,在关键路线上的活动或子项目受进度风险因素影响,其持续时间延长后会引发工期风险,延长的时间越久则工期风险就越大;非关键路线上的活动或子项目受进度风险因素影响持续时间超过总时长时,也会引发工期风险。

② 工程质量风险识别。对于不同的工程项目有不同的技术要求和质量要求,因此要重视工程质量风险。引发工程质量风险的因素主要有项目环境因素、设计因素、分包商施工因素和业主因素等。具体来说,工程施工阶段的质量风险主要是由施工环境、技术人员、管理人员、施工工艺和方案、建筑材料等引发的。

③ 工程成本风险识别。工程成本风险贯穿工程建设的全过程。引发工程成本风险的原因涉及多个方面,工程项目外部风险因素主要包括物价上涨、政策调整、自然条件发生变化等;业主风险因素主要包括资金筹措困难、拖欠工程款、投资计划不当、招标和分标失误、管理组织不当等;设计和施工风险因素主要包括设计单价标准不合理、设计变更频繁、安全质量事故频发、施工组织不合理等。

（2）风险识别方法分类

项目风险识别的方法有很多,任何有助于发现风险信息的方法都可以作为风险识别的工具,适用于国际工程项目分包风险识别的方法如表 2-2 所示。

表 2-2 项目风险识别的方法

方法	定义	使用范围
头脑风暴法	也称集体思考法,是以专家的创造性思维来索取未来信息的一种直观预测和识别方法	通过专家之间的信息交流和相互启发,发挥专家的创造性思维来获取未来信息,互相补充使预测和识别结果更准确

续表

方法	定义	使用范围
德尔菲法	又称专家调查法,对所要预测的问题征得专家意见后,进行整理、归纳,再匿名反馈给专家;再次征求意见后,再集中、反馈,直到得到稳定的意见	依靠专家的直观能力对风险进行识别,现在此法的应用已遍及经济、社会、工程技术等各领域
情景分析法	是根据发展趋势的多变性设计出多种可能的未来前景,通过系统分析内外相关问题,描述系统态势,模拟出从始至终的情景和画面,类似于撰写电影剧本的手法	适用于对可变因素较多的项目进行风险预测和识别,它在假定关键影响因素有可能发生的基础上,构造出多重情景,提出多种未来的可能结果,当一个项目持续的时间较长时,适用此法
核对表法	是根据项目环境、产品或技术资料、团队成员的技能或缺陷等风险要素,把经历过的风险事件及来源列成一张核对表,供识别人员进行检查核对,用来判别某项目是否存在表中所列风险或类似项目是否存在表中所列或类似的风险	核对表中所列都是历史上类似项目曾发生过的风险,是项目风险管理经验的结晶。这种方法也许揭示的风险绝对量比别的方法少一些,但是这种方法可以识别其他方法不能发现的某些风险
流程图法	对项目流程进行分析,可以发现、识别项目风险可能发生在项目哪几个环节或哪几个地方,以及项目流程中各个环节受风险影响的程度,可用网络图来表示,也可用 WBS 来表示	这是一种非常有用的结构化方法,它可以帮助分析和了解项目风险所处的具体环节及各环节之间存在的风险。运用这种方法完成的项目风险识别结果,可以为项目实施中的风险识别控制提供依据
财务报表法	通过分析资产负债表、营业报表,以及财务记录,项目风险管理者就能识别本企业或项目当前的所有财产、责任和人身损失风险	将这些报表和财务预测、经费预算联系起来,项目风险管理者就能预测未来的风险。这是因为,项目或企业的经营活动要么涉及货币,要么涉及项目本身,这些都是风险管理最主要的考虑对象
SWOT 分析法	在了解企业自身优势和缺陷的基础上,判明企业外部的机会和威胁,然后对环境作出判断,继而制定企业的战略	主要用于对企业战略和策略的制定,或者对项目战略决策和系统的分析

　　表 2-2 所列各种方法中,财务报表法基于个体的经验警惕可能产生的损失,但不会有助于风险识别的细化。流程图法属于动态分析,有从项目涉及的程序进行观察的优势,在项目分包的每一个程序内识别风险,然后返回整个项目,适用范围较广。核对表法、头脑风暴法、德尔菲法识别的风险来自先前的项目或专家的判断,无论这个项目是复杂的还是简单的,只要这个项目有类似项目的前例,就有了参考依据。对于无前例可参考的项目,调查问卷就必须是具有项目特性的。情景分析法也是依照过去的经验来鉴别的方法,但它是在假定关键影响因素有可能发生的基础上,构造出多重情景,提出多种未来的可能结果,比如处理极端情况下的场景,就

可以用到此法。

　　根据以上对风险识别方法的分析,可见各种方法均有其适用范围和特点。国际工程分包项目,一般项目投资较大,工期较长,只用一种方法很难对国际工程分包项目的风险进行全面有效识别。专家学者普遍认为,所有风险识别的方法都依赖于历史信息和参与风险识别人员的类似的预先经验,不管选择何种方法,它都应该是一个团体行为,而非个人行为。调查法很大程度上依赖个人先前的经历,若有关人员经历的项目事故较少,则他所得的风险识别结论较为乐观。在风险识别过程中,不同的方法可能会导致不同的风险识别结果,这时就需要综合使用多种识别方法。

　　3.工程项目分包风险识别的目的与流程

　　工程项目风险识别仅解决了风险事件的存在问题,完成风险识别之后,就要确定风险发生的概率和频率、风险发生后的影响程度、风险发生后的影响范围,并进行量化,估计和评价该风险的社会、经济意义。项目风险分析为进一步制订风险管理计划、进行风险评价、确定应对措施及进行风险控制和监控提供了依据。

　　工程项目分包风险识别的流程如下。

　　(1) 收集数据

　　数据的来源方式有很多,主要包括:过去类似工程项目的建设经验或记录;外部环境、社会经济发展的历史资料;现场勘测和试验;项目实施过程中资料等。由于国际工程项目具有独立性和独特性的特点,很多项目特别是大型工程重复性少,因此客观的历史资料有时不如人为经验判断有效,此时可以用专家调查法获得主观评价资料。

　　(2) 建立体系

　　以收集的各种数据为基础,对风险事件发生的可能性给出明确的量化描述,即建立风险体系。通过建立风险体系,可以确定各种因素与风险发生的概率关系,以及确定各种不确定因素与风险可能造成的损失的关系。

　　(3) 估计风险概率和后果

　　风险体系建立后,就可以用相关风险评估方法对每一个影响风险发生的因素进行估计。一般可用概率表示风险发生的可能性,可用费用损失、工期、工程合格率来表示成本、进度、质量风险后果。

　　(4) 评价结果

　　评价结果主要是得出风险事件发生的可能性、严重程度、影响范围及发生的时间。评价结果就是为了对项目整体风险或某一部分风险、某一阶段风险进行决策。

　　4.工程项目风险分析的方法

　　工程项目风险分析的方法一般可分为定量分析和定性分析。定量分析是指风险事件的发生概率由历史资料和数据确定,是一种科学、客观、理性的方法,它利用概率论将风险发生的概率、损失程度等因素综合起来考虑,分析风险可能产生的影响。但当人们没有足够的历史资料和数据时,可以利用主观概率进行定性分析,这是一种感性的、相对直观的方法,主要应用于对无法量化和量化水平较低的风险进行评价。定性分析主要是根据历史资料和专家的经验进行判断,这里就不再详细说明。在实践过程中,往往是定量分析和定性分析相结合,从而得出更加可靠的结果。

定性分析的方法主要有故障树分析法、外推法、专家调查打分法、矩阵图分析法、格莱姆法等。定量分析的方法主要有层次分析法、敏感性分析、模糊评价法、决策树分析法、计划评审技术、关键路线法、贝叶斯法和蒙特卡罗法等。下面主要针对国际工程分包项目特点,对常用的定量分析的方法进行简要分析。

① 层次分析法。层次分析法是将待决策的问题按总目标、各层子目标、评价准则、备选方案的顺序分解为不同的层次结构,然后用求解判断矩阵特征向量的办法,求得每一层次的各元素对上一层次某元素的优先权重,最后用加权和的方法递阶归并各备选方案对总目标的最终权重,最终权重最大者即为最优方案。

② 敏感性分析法。敏感性分析法是用于分析一个或多个变量因素对项目目标的影响程度,以判定其对标的重要性。敏感性强度是指特定因素或变量的变化对项目目标的影响程度。各种风险因素对项目成本、进度和质量的影响程度是不同的,敏感性分析法通过分析每个变量因素的敏感程度,对各种因素进行排序,找出对项目目标影响大的因素。

③ 模糊评价法。模糊数学是利用数学方法来处理模糊现象的科学。工程项目风险大多是模糊的。模糊评价法利用模糊数学的方法,对受到多因素制约的项目做出一个总体的评价。该法根据模糊数学的隶属度理论把定性分析转化为矩量分析,能较好地解决难以量化的问题,适用于解决各种非确定性问题。

④ 决策树分析法。决策树分析法是把项目可能发生的各种情况,通过概率论的原理,并且利用一种树形图工具来分析项目的风险和可行性。决策树分析法的思路是把影响项目风险的有关因素进行分解,用方案分枝和概率分枝代表方案选择和其产生的结果。

⑤ 计划评审技术。计划评审技术是一种用来分析项目工期风险的方法,配合关键路径法和加权平均法计算项目在某个时间内完成的概率。

⑥ 关键路线法。关键路线法也是一种用来分析项目工期风险的方法,和计划评审技术不同的是,它是假设项目中各项活动的进行时间是单一确定的,只有项目起点和终点可以变化。

⑦ 贝叶斯法。根据贝叶斯法,先确定事件正常状态的先验概率,然后根据先验概率进行初步决策,随着项目的运行,通过资料收集获取更多的信息,再重新修正先前的估计。多次修正后,对风险事件的概率估计就会越来越准确。

⑧ 蒙特卡罗法。蒙特卡罗法是一种利用计算机统计理论研究风险发生概率和风险损失程度的方法,又称统计试验法或随机模拟法。它是从多个不确定因素中随机抽取样本,对各种不确定性组合重复模拟计算,找出项目变化的规律。

2.4 国际工程项目分包风险案例分析

在国际工程承包项目中,风险管理的重点是成本,进度,质量,健康、安全、环境(HSE),资源供应等风险。

成本超支和工期延误风险对施工项目影响巨大,承包商绝对不能低估所需完成的工程量和所需投入的资源(人工、机械设备、材料等)数量;如果低估了工程量和资源数量,以及通货膨胀或变更(不管是否有业主或工程师的变更通知)的影响,成本超支就可能发生。成本超支风险主要存在于以下方面:人工、机械设备、材料的成本以及日常费用(包括维护与更换成本);相关法规规定的费用;贷款的利息支付;应上缴的地方和国家税收;变更及索赔;通货膨胀、工资上涨以及重要进口物资的汇率波动;处理建筑垃圾和受污染土地的费用;现金流(资金的减少,如周转不灵,就会影响分包商和供应商的工作状况);不必要的或过高的施工保函或担保;雇用了不得力的分包商;不充分的现场调查等。

项目没有在合同规定的竣工日期前完成(除经协商同意或通知的工期延长)就是工期延误,该风险与施工合同条款密切相关,如果是由于承包商的失误造成工期延误,承包商就需要支付违约赔偿金或罚金。施工阶段特别是施工前期导致工期延误的主要原因:合同不公平,合同管理不规范,设计或图纸的错误,设计变更过多或图纸提供有误,施工现场用地资料有误,施工设计错误(特别是设计复杂的情况下),分包商或供应商的过失,恶劣的自然条件,未预计到的现场地质情况或设施供应情况,施工方法或设备选择错误,工期延误导致的索赔或争端,材料短缺,人员安全事故或机械故障,规划许可或审批延误等。

下面结合案例进行简单分析。

2.4.1 某公司实施伊朗大坝项目的成功案例

我国某公司在承包伊朗某大坝项目时,风险管理比较到位,成功地完成了项目并取得较好的经济和社会效益。下面从几个主要方面对该项目进行简单分析。

(1)合同管理

该公司深知合同的签订、管理的重要性,专门成立了合同管理部,负责合同的签订和管理。在合同签订前,该公司认真研究了合同,针对原合同中的不合理条款据理力争,获得了有利的条件。在履行合同过程中,该公司坚决按照合同办事。因此,项目进行得非常顺利。

(2)融资方案

为了避免利率波动带来的风险,该公司委托国内的专业银行做了保值处理,避免由于利率波动带来风险。因为该项目是出口信贷工程承包项目,该公司要求业主出资部分和还款部分均以美元支付,这既为我国创造了外汇收入,又有效地避免了汇率风险。

(3)工程保险

在工程实施过程中,该公司通过在保险公司投保工程一切险,有效避免了工程实施过程中的不可预见风险(一般以合同额的 6% 作为不可预见风险的保险费)。

(4)进度管理

在项目实施的过程中,影响工程进度的主要是人、财、物三方面因素。该工程项目对物的管理,首先是选择最合理的配置,从而提高设备的效率;其次是对设备进行强制性保养、维修,从而使得整个项目的设备完好率超过了 90%,保证了工程进度。由于项目承包单位是成建制的单位,不存在内耗,因此对于人的管理难度相对较小;同时项目部建立了完善的管理制度,对员工,特别是当地员工都进行了严格的培训,这也大大保证了工程的进度。

（5）设备和人力投入

该公司为了保证该项目的进度，向项目投入了近 2 亿元人民币的各类大型施工机械设备，其中包括挖掘机 14 台、推土机 12 台、45t 自卸汽车 35 台、25t 自卸汽车 10 台、装卸机 7 台、钻机 5 台和振动碾 6 台等。现场进驻各类技术干部、工长和熟练工人约 200 人，雇佣伊朗当地劳务人员约 550 人。

（6）成本管理

对于成本管理，该公司也牢牢抓住人、财、物这三个方面。在人的管理方面，公司牢牢控制施工主线和关键项目，充分利用当地资源和施工力量，尽量减少中方人员。通过与当地分包商合作，公司节约了 1 200 万~1 500 万美元投入。在资金管理方面，项目部每天清算一次收入和支出，以便对成本以及现金流进行有效掌控。在物的管理方面，如前文所述，选择最合理的设备配置，加强有效保养、维修和操作培训，提高设备的利用效率，从而降低了设备成本。项目部还特别重视物流工作，并聘用专业的物流人员，做到设备、材料一到港就可以得到清关，并能很快应用到工程中，从而降低了设备、材料的仓储费用。

（7）质量管理

该项目合同采用 FIDIC 的 EPC 范本合同，项目的质量管理和控制主要依照该合同条件，并严格按照合同框架下的施工程序操作和施工。项目部从一开始就建立了完整的质量管理体制，将施工质量与效益直接挂钩，奖罚分明，有效地保证了施工质量。

（8）HSE 管理

HSE 管理是指健康（health）、安全（safety）和环境（environment）三位一体的管理。安全和文明施工代表着中国公司的形象，因此该项目部格外重视 HSE 管理，并自始至终加强安全教育，定期清理施工现场。同时为了保证施工人员的安全，项目部还为所有施工人员购买了人身保险。

（9）沟通管理

为了加强对项目的统一领导和监管，协调好合作单位之间的利益关系，该公司成立了项目领导小组，由总公司、海外部、分包商和设计单位的领导组成，这大大加强了该公司内部的沟通与交流。而对于伊朗当地雇员，则是先对其进行培训，使其能很快融入项目中，同时也尊重对方的风俗习惯，以促进中伊双方人员之间关系的和谐。

2.4.2 某工程联合体承建非洲某国公路项目的失败案例

我国某工程联合体在承建非洲某国公路项目时，由于风险管理不当，造成工程严重拖期，亏损严重，同时也影响了我国承包商的声誉。该项目业主是该国政府工程和能源部，出资方为非洲开发银行和该国政府，项目监理是一家英国公司。

在项目实施的四年多时间里，该承包商遇到了极大的困难，尽管投入了大量的人力、物力，但由于种种原因，合同于 2005 年 7 月到期后，工程量只完成了 35%。2005 年 8 月，项目业主和监理工程师不顾中方承包商的反对，单方面启动了延期罚款，金额每天高达 5 000 美元。为了防止国有资产的进一步流失，维护国家和企业的利益，中方承包商在我国驻该国大使馆和经商处的指导和支持下，积极开展外交活动。2006 年 2 月，业主致函中方承包商同意延长 3 年工期,不再进行工期罚款,条件是中方必须出具由当地银行开具的约 1 145 万美元的无条件履约保函。由于保函金额过大,又无任何合同依据,且业主未对涉及工程实施的重大问题做出回复,为了保证公司资金安全,中方承包商不同意出具该保函,而用中国银行出具的 400 万美元的保函来代替。

由于政府对该项目的干预未得到项目业主的认可,2006 年 3 月,业主在监理工程师和律师的怂恿下,不顾政府高层的调解,无视中方承包商对继续实施该合同所做出的种种努力,以中方不能提供其所要求的履约保函为由,致函终止了与中方承包商的合同。

该国际工程项目的风险主要有外部风险和承包商自身风险。外部风险:项目所在地土地全部为私有,土地征用程序及纠纷问题极其复杂,地主阻工的事件经常发生,当地工会组织活动活跃;当地天气条件恶劣,可施工日很少,一年只有三分之一的可施工日;该国政府对环保有特殊规定,任何取土采沙场和采石场的使用都必须事先进行相关环保评估,获得批准方可使用,而政府机构办事效率极低,这些都给项目的实施带来了不小的困难。

中方承包商自身风险:在陌生的环境特别是当地恶劣的天气条件下,中方承包商的施工技术和项目管理等不能满足该项目的要求。在项目实施之前,尽管中方承包商从投标到中标的过程还算顺利,但是其间隐藏了很大的风险。业主委托一家对当地情况十分熟悉的英国监理公司起草该项目合同。该监理公司将合同中几乎所有可能存在的对业主的风险全部转嫁给了承包商,包括雨季计算公式、料场情况、征地情况。中方承包商在招投标前期做的工作不够充分,对招标文件的了解和研究不够深入,也未能做好现场考察,对项目风险的认识不足,低估了项目的难度和复杂性,对可能造成工期严重延误的风险并未做出有效的预测和预防,造成了投标失误,给项目的最终失败埋下了隐患。

随着项目的实施,中方承包商也采取了一系列的措施,在一定程度上推动了项目的进展,但由于前期的风险识别和分析不足以及一些客观原因,这一系列措施并没有收到预期的效果。特别是由于合同条款先天就对承包商极其不利,造成了中方承包商索赔工作成效甚微。

另外,在项目执行过程中,由于中方承包商内部管理不善,野蛮使用设备,没有建立质量管理保障体系,现场人员素质不能满足项目的需要,现场的组织管理沿用国内模式,不适合该国的实际情况,对项目质量也产生了一定的影响。这一切都造成项目进度严重滞后,成本大大超支,工程质量也不过关。该项目由某央企工程公司和某省级工程公司双方对半出资合作,项目组主要由该省级公司人员组成。项目初期,设备、人员配置不到位,部分设备选型错误,中方承包商低估了项目的复杂性和难度,当项目出现问题时又过于强调客观理由。此外,在一个以道路施工为主的工程项目中,道路工程师却严重不足甚至缺位,所造成的影响可想而知。

在项目实施的四年间,中方竟三次调换办事处总经理和现场项目经理。在项目的后期,由于项目举步维艰,加上业主启动了惩罚程序,这对原本亏损巨大的该项目更是雪上加霜。项目管理者也未采取积极措施稳定军心,由于看不到希望,现场中外员工情绪不稳,人心涣散,许多中方员工纷纷要求回国,当地劳工也纷纷辞职,这对项目也产生了不小的负面影响。

由此可见,尽管该项目有许多不利的客观因素,但是项目失败的主要原因还是在于承包商的失误,而这些失误主要还是源于前期工作不够充分,特别是风险识别、风险分析管理过程不够科学。尽管在国际工程承包中价格因素极为重要,影响企业的效益,但也可以说,承包商风险管理(及配套的合同管理)的好坏更直接地影响企业的盈亏。

3 国际工程项目设计风险管理

3.1 国际工程项目设计风险概述

3.1.1 国际工程项目设计风险的定义与特点

国际工程项目设计风险是在国际工程项目的客观环境不明晰,技术、设备等客观条件不充足等大背景下,从前期可研到完工运营全周期中,因设计人员进行设计时可能存在的目标偏离而产生的风险。这里所说的设计是一个广义的设计概念,包含了组织结构、人员安排、施工流程及方案、图纸规划等内容,与传统的、仅限于图纸设计的狭义设计有所区别。因此,在该概念的限定内,设计范围有所延伸,贯穿项目实施的前、中、后三大阶段,而不仅仅是项目实施前的设计阶段。

随着我国"走出去"战略的实施,国内施工企业越来越多地走出国门承揽国际工程。但是,项目的庞大复杂、跨地域、各项工程技术要求高等因素,对我国对外承包企业来说都是挑战(柏延震,2013)。因此,如何有效地对国际工程项目进行风险管理和控制,特别是在工程早期的设计阶段对风险进行管理和控制,已经成为当前重要的研究内容。

国际工程项目的风险来自独特的外部环境和项目管理模式,一般该类项目至少会涉及两个国家的法律和参与方。一些大型的项目,有多国参与,受到多国不同法律制约的情况十分常见。从业主到承包商,从咨询设计方到设备制作与安装方,从专业工程分包商到劳务和资金提供方,都有可能来自法律、经济环境迥异的国家。要确保工程能够顺利开工,首先要做的工作就是确保项目合同能够得到这些项目参与国的认同。由于这些项目参与国的法律可能不同,其中的招标投标法、劳动法、投资法、外贸法、社会保险法、税法以及建筑法等与工程密切相关的法律往往也存在差异。由此,可能导致工程项目合同条款适用性不强。如果在施工前期不能妥善处理这些有分歧的问题,一旦出现争端,就会形成较难处理的风险。而且,国际工程受地缘政治影响也十分明显,当地政权交替、局部战争冲突、民族文化差异等,都会影响工程项目进度和参与者的人身安全。

事实上,每年都有一大批国际工程因为各种风险因素停工。但受利润驱使,又有一大批企业涌入其中。"高风险带来高收益"的预言在该行业得到了充分验证。在国际工程项目施工中,必须考虑各参与国的政治、经济和法律法规特点。在此基础上,参考一定的国际工程惯例,严格按照其规范化的实施程序推进,确保参与者履行自身的相应义务和责任,最终确保应有权利的实现。在国际工程中,涉及的工程技术标准、设备型号和施工工艺十分复杂,这对设计前期的协调功能提出了较高的要求。一旦设计前期出现失误,将会影响整个工程的进度。因此,国际工程承包企业都在积极寻找和实践提高项目设计风险管理的方法,以期为工程项目的顺利实施奠定基础。

具体来讲,国际工程项目面临着庞杂多变的设计风险,工程实施难度较大,具有长期性、复杂性、多样性及规律性的基本风险特征。

(1) 长期性

工期长、投入资金多、涉及范围广等是国际工程项目所具有的特征,由此决定了其面临的设计风险将贯穿整个项目生命周期。从前期的谈判、设备和材料采购、图纸绘制、组织设计规划,到中期的设计理念实施,再到后期的设计成果投入施工过程并最终使用,都可能发生风险。而且,每个环节的风险关联性较强,并不能单独进行研究。由此,对国际工程承包企业的项目风险管理水平提出了较高要求。在项目设计风险管理过程中,要保证长期动态地分析监控风险,要从全周期的角度,看待项目设计风险,不能因为阶段的不同,而对风险的发生掉以轻心。

(2) 多样性

国际工程项目设计风险的多样性体现在工程受多种外部环境因素的影响,自然气候、国际政治、经济形势、当地文化法律差异、项目管理及设计模式等多个方面都会直接或间接地给国际工程项目带来风险。同时,在国际工程施工过程中,承包企业还要妥善处理方方面面的交叉关系,保证设计方案得到各方认可。这对承包企业的技术能力、业务水平和管理手段提出了较高要求。只有既能够处理平衡好企业外部关联方,如业主、当地政府、分包商的利益,又能够协调安排好内部各个部门之间的关系,才能保障工程的顺利实施。国际工程所处施工环境的复杂性和长期性,决定了其面临的项目设计风险的多元化、多样性。一旦某一风险考虑不到位,风险管理水平较弱,就会被市场淘汰。

(3) 全面性

国际工程项目设计风险并非孤立的,而是环环相扣的。更为突出的是,其风险产生后,带来的影响是广泛的,将会对全局的形势产生震荡,乃至破坏。特别是一些不起眼的局部风险,会在施工过程中不断累积放大,形成全面影响。例如,设计过程中所面临的合同风险、当地局势风险等就是全面性的风险,影响范围较大。国际工程承包企业应当做好基本的项目设计风险管理预案,严格落实管控,才能杜绝风险产生的影响全面蔓延。

(4) 规律性

尽管不同的国际工程项目存在一定差异,风险情况也各不相同,但对于同一类型的项目而言,其风险具有规律性。也就是说,同类项目所面临的风险是类似的,风险控制措施也可以通用。因此,国际工程承包企业可以抓住这种规律性,总结形成自身的风险管理经验以达到未雨绸缪的效果。实践中,国外承包商的风险管理经验比我国的国际工程承包商要丰富。我国企业应当抓住各种机会总结、学习,提高自身的风险管理水平。

总而言之,国际工程项目的设计风险管理十分复杂和重要,国际工程承包企业在管理上要具备风险识别、风险评估、风险应对与风险控制等功能。因此,以发现风险规律,降低风险为目的的风险管理正在日益得到重视。提高风险控制技术,能够尽量降低风险事件的损害成本,使得以最少的风险成本保证工程项目的总目标可靠、顺利地实现。

3.1.2 国际工程项目设计的前期准备

在设计准备阶段,业主应调查研究当地的设计技术规范和标准,并详细研究工程项目所需的设计技术规范和标准,为设计阶段提供支持。当地规范和标准主要是指与企业业务有关的专业领域如勘测、设计、施工、建筑材料、验收方法、质量、安全及环保等的国际标准、规范和项目所在国的标准、规范。同时,业主还要调查研究当地的设计习惯。设计、承包商文件、施工和竣工工程,均应符合工程所在国的技术标准和建筑、施工与环境方面的法律法规,适用于工程将生产的产品的法律法规以及业主要求中提出的适用于工程或适用法律规定的其他标准(张浩,2014)。对于国际工程项目设计任务,业主应该提供下列设计资料。

(1)工程概况

工程概况包括工程行政区划、工程配套情况、工程地形与测量地形图、工程机井建设情况、现有工程设施和引水工程、道路与建筑材料、局部地形图、线路测量情况、提水站情况等。

(2)水文地质

水文地质包括工程土壤情况、水源及降雨情况、地表径流及利用情况、水库及运用情况、施工区自然灾害等。

(3)工程环境

工程环境包括农业与副业生产情况、规划方面资料、水利工程相关的规范和标准等。

业主不但要提供上述相应资料,同时也应该对提供数据和资料的正确性负责,在国际工程项目设计过程中,根据设计合同要求,业主应该对下列具体资料的准确性负责(刘勇,2018):

① 在设计合同中规定的由雇主负责的或不可变的部分、数据和资料;

② 对工程或其任何部分的预期目标的说明;

③ 竣工工程的试验和性能标准;

④ 除合同另有说明外,设计方不能核实的部分数据和资料。

根据相关国际规定,设计方被视为在基准日期前已仔细审查了业主要求(包括设计标准和计算)并负责工程的设计。在除业主应负责的部分外,对业主要求(包括设计标准和计算)的工程设计的正确性负责。此外,设计人员在进行设计时应掌握准确的第一手资料,包括当地设计技术规范和标准,工区概况、行政规划、水文气象、自然灾害、地形与测量等,工程地质勘查资料,设计招标文件等。在国际工程项目设计过程中,应按照表3-1进行设计相关资料的汇总。

表 3-1 国际工程项目设计相关资料汇总表

工程名称：

合同编号： 项目经理：

类别	收集内容	责任部门	编号	文件类型	是否存档	备注
合同资料	中标通知书			□电□纸	□是□否	
	合同谈判情况报告			□电□纸	□是□否	
	合同评审资料			□电□纸	□是□否	
	合同签署授权			□电□纸	□是□否	
	谈判确定的合同文本			□电□纸	□是□否	
	签字版合同协议书			□电□纸	□是□否	
	补遗			□电□纸	□是□否	
	联营体协议及评审、授权资料			□电□纸	□是□否	
	代理协议及评审、授权资料			□电□纸	□是□否	
	合作协议及评审、授权资料			□电□纸	□是□否	
招标资料	项目立项请示及批复			□电□纸	□是□否	
	现场考察报告			□电□纸	□是□否	
	商情调查报告			□电□纸	□是□否	
	当地合作伙伴调查报告			□电□纸	□是□否	
	项目实施模式审批单			□电□纸	□是□否	
	运作策划			□电□纸	□是□否	
	经商处支持函及申请材料（两优项目提供融资支持函）			□电□纸	□是□否	
	对外工程承包商会、机电商会支持、协调函及申请材料			□电□纸	□是□否	
	商务部投标、议标许可及申请材料			□电□纸	□是□否	
	招标文件（含中文翻译件）			□电□纸	□是□否	

续表

工程名称：						
合同编号：			项目经理：			
类别	收集内容	责任部门	编号	文件类型	是否存档	备注
投标资料	投标分工表			□电□纸	□是□否	
	投标答疑			□电□纸	□是□否	
	招标文件评审资料			□电□纸	□是□否	
	勘测设计资料及评审			□电□纸	□是□否	
	技术方案评审资料			□电□纸	□是□否	
	投标文件			□电□纸	□是□否	
	投标文件评审意见及建议采纳的请示			□电□纸	□是□否	
	实施单位承诺函			□电□纸	□是□否	
	投标工作小结			□电□纸	□是□否	
	投标后的答疑、澄清文件，降价函和说明			□电□纸	□是□否	
	投标保函			□电□纸	□是□否	
其他资料	商会协调函申请材料			□电□纸	□是□否	
	当地新闻报道			□电□纸	□是□否	
	项目管理费和投标费确认表（子企业独立实施项目）			□电□纸	□是□否	
	分包商实施价格确认函及相应报价清单明细表（自营分包项目）、供货商的报价及确认函			□电□纸	□是□否	
	对应合同价格的工程量清单、成本分析总表和明细表			□电□纸	□是□否	
	从当地收集的技术资料和技术报告			□电□纸	□是□否	
	永久设备名单（业主及融资机构）			□电□纸	□是□否	
	主要分供应商名单（业主及融资机构）			□电□纸	□是□否	

工程名称：

合同编号： 项目经理：

类别	收集内容	责任部门	编号	文件类型	是否存档	备注
其他资料	项目开发期间对业主或相关方的承诺			□电□纸	□是□否	
	与业主等相关方的正式往来函件			□电□纸	□是□否	
	为项目融资需要，向金融、信用保险机构提交的其他资料			□电□纸	□是□否	
	业主组织机构图			□电□纸	□是□否	
	合作单位组织机构图			□电□纸	□是□否	
	当地材料价格表			□电□纸	□是□否	
	市场部门认为其他需要提交的信息			□电□纸	□是□否	
风险资料	风险清单			□电□纸	□是□否	
设计管理清单	设计院匹配工作联系单、设计单位须知			□电□纸	□是□否	
	设计单位询价函及请示			□电□纸	□是□否	
	标前协议			□电□纸	□是□否	
	咨询合同			□电□纸	□是□否	
	咨询合同付款审批单			□电□纸	□是□否	
	与设计院正式往来函件			□电□纸	□是□否	
	设计院评价记录			□电□纸	□是□否	
	设计院年度考核报告			□电□纸	□是□否	

填写人： 复核人： 负责人：

设计单位负责人： 设计管理部负责人：

年 月 日 年 月 日

说明：本表不包含具体的设计图纸及与设计有关的文字资料，它们应当依据项目实际情况单独成册；会同项目实施过程中发生的一切设计变更文件，一起构成全部的设计工作部分中的技术资料。

3.2 国际工程项目设计风险识别与分析

3.2.1 国际工程项目设计风险识别

在国际工程中,基础设施项目的占比很大,特别是水利工程、公路工程、电力工程等,已经成为主要的国际工程项目,由设计带来的风险隐患是不容忽视的。设计管理对于控制造价、进度、成本、质量等方面发挥着重要作用。尽管设计费在整体工程费用中所占比例不高,但一旦出现设计问题,则会严重影响工程的实施,因此风险较大。当前我国国际工程承包企业对于国际项目的风险还没有充分的认识和准备,特别是在设计风险方面,更加缺乏全面的认识和预防措施,有待进一步加强管理。

国际工程项目面临着庞杂多变的设计风险,工程实施难度较大,具有长期性、复杂性、多样性及规律性的基本风险特征。因此,本书采用德尔菲法、头脑风暴法、核对表法等风险识别方法,对国际工程项目的设计风险从外部因素和内部因素两方面进行识别。

（1）外部设计风险

国际工程项目设计的外部风险因素主要表现为国际工程项目所处的国家或地区市场以及当地整体行业对项目有重要影响的可变因素。通常来说,包括了国际区域政治形势、经济形势、法律法规、社会环境、行业市场波动、工程合同差异等因素。因此,国际工程项目在设计过程中会面临政治风险、经济风险、施工环境风险和法律规范风险等。

政治风险在国际工程实施过程中比较常见,政府更迭风险、战争风险和外资没收风险等都会给承包商造成极大的损失。另外,当项目所在国家的产业结构调整、经济政策改变时,很容易引发通货紧缩或膨胀、市场涨价、汇率波动、资金不足等意外情况。这些会导致承包商出现资金链断裂等问题,也会影响项目设计进度。同时,当地建筑市场出现不可预见的波动,也会导致建筑市场业务量和结构发生变化。当地相关的法律法规,如仲裁、计划审批和核准程序、进出口、雇佣和材料使用限制、货币限制的差异,特别是对合同格式、条款的不同理解,对诉讼和索赔环节陌生等情况,都会带来相关风险。项目承包商如果对工程所在地的设计标准、安全准则、环境保护规定等不清楚,同样会导致风险。另外,国际工程一般会被地方保护主义所影响,尽管工程实施过程中承包商自觉遵守了当地法律,但是一旦发生冲突,当地法律很有可能会进行区别对待。

本书结合国际工程项目的设计特点,依照科学性、可行性、全面性、代表性等原则,参考已有国际工程风险研究成果(厉帅,2018),并结合项目设计的周期性,整理归纳了国际工程项目的外部设计风险因素,如表3-2所示。

表 3-2　　　　　　　　　　　　国际工程项目外部设计风险因素

风险因素	风险因素细化
政治风险	战争风险
	外资没收风险
	政府更迭风险
经济风险	经济形势波动风险
	利率汇率风险
	税率风险
	行业形势风险
	付款风险
环境风险	自然条件风险
	技术条件风险
法律规范风险	投资政策风险
	行业标准风险
	司法政策风险

（2）内部设计风险

对于国际工程项目内部设计风险而言，凡是各参与公司或项目自身的不确定性因素都可能产生风险隐患。所以，与项目特征息息相关的因素都可以划分为内部风险因素。这类风险因素会对项目整体的质量、进度和成本管理产生影响，容易导致工程质量缺陷、项目进度延误或者整体成本超支。例如，在细节设计方面的疏忽、不到位，施工技术的薄弱、不匹配，材料设备的缺失、不合格等情况，都会对工程项目的整体质量产生影响。相应地，设计不及时、自然条件恶劣、场地条件不适应、材料及人员跟进不及时、沟通协调效率低等风险因素，同样会导致项目进度的延误。而在成本管理过程中，由于设计问题导致的项目边界不清晰、项目投资额预算不准确、劳动力和材料设备市场价格不稳定，这些情况均会导致项目成本超支。这些从项目自身产生的风险因素具有一定的隐蔽性和独特性，尽管可以通过项目管理的方式来控制，但是并不容易进行事前评估和预警。

除此以外，国际工程项目的内部设计风险因素还受到工程规模、参与者结构、竞争程度的影响，因此风险情况更为复杂。项目规模越大，复杂程度越高，约束条件越多，参与者结构越多元，则风险越大。此外，项目的细节设计不明确，设计规范标准不满足当地要求，设计工艺不适合当地施工技术要求，也会对项目进度产生很大影响。本书结合国际工程项目的设计特点，参考已有国际工程风险研究成果，整理归纳了国际工程项目的内部设计风险因素，如表 3-3 所示。

表 3-3 国际工程项目内部设计风险因素

风险因素	风险因素细化
项目设计系统风险	工期进度风险
	项目质量风险
	项目成本风险
项目设计人员风险	业主风险
	工人风险
	项目管理人员风险
设计合同风险	合同风险
	合同内容风险
设计规划风险	设计任务书风险
	设计招标风险
	设计方案风险
	签订合同风险
设计实施风险	设计概预算风险
	施工图设计风险
	施工图优化风险
	施工组织设计风险
	设计技术风险
	设计程序风险
	设计资料风险
设计收尾风险	技术交底风险
	图纸会审风险
	配合施工风险
	设计变更风险

3.2.2　国际工程项目设计风险分析

在国际工程项目设计的实施过程中,虽然会面临各种外部风险因素和内部风险因素。但是由于有些因素的发生概率较低,一般在评估项目的设计风险时仅作为参考。比如,在一个国际工程项目周期内,一般极少会发生政府更替这种小概率事件。如果是政权频繁交替的地区,也不会成为国际项目的投资目标。但是对于设计过程中常见的风险,还需要花大力气进行防范和应对。

对国际工程项目设计风险中的重要风险因素进行分析十分重要,上述所有外部设计风险因素和内部设计风险因素对于国际工程项目的影响程度是不同的,所以需要进行筛选。但是在这一过程中,应当注意,重要的风险因素只是一部分而非全部。因此,需要对设计过程中的重要风险因素进行科学筛选,选出"显著影响项目,且会产生严重风险损失"的因素。秉承科学的筛选原则十分关键,对于风险评价指标而言,一般的筛选原则包括以下三个方面。

（1）科学合理原则

国际工程项目设计过程中的重要风险因素需要具备反映工程总目标的功能,体现出总目标的实质,要具有合理性,不能凭主观臆断。

（2）代表性原则

国际工程项目设计过程中的重要风险因素要能够反映各个不同侧面的特点,能够较为合理地代表某个方面的属性;而且反映的方面不能重复,必须体现出独立代表性。

（3）全面性原则

国际工程项目设计过程中的重要风险因素除了要反映不同侧面信息,还要尽可能多地包含项目的基本信息,确保最终分析结果的可靠性和全面性。一般理想的重要风险因素是既要有代表性,也要有全面性。

为了增加国际工程项目设计风险识别的可操作性,本书主要采用了专家经验法、层次分析法等对国际工程项目主要设计风险进行分析,表 3-4 显示了国际工程项目设计风险中的重要风险因素和分析内容。

表 3-4　　　　　　国际工程项目设计过程重要风险因素一览表

风险类别	风险因素	风险因素分析内容
政治风险	战争风险	当地是否会发生战争、内乱
	外资没收风险	当地对外投资政策是否频繁变动
经济风险	经济形势波动风险	当地是否有经济危机、通货膨胀、经济欠发达状况
	利率汇率风险	当地利率、汇率是否非正常波动
	行业形势风险	当地工程项目建设行业整体需求是否产生变化
	付款风险	当地政府是否会履约付款

续表

风险类别	风险因素	风险因素分析内容
环境风险	自然条件风险	气候、地质、水文、文化等方面的差异
	技术条件风险	工程技术、材料设备的供应能力
法律规范风险	投资政策风险	是否有进出口、货币政策的限制情况
	行业标准风险	设计施工标准、安全防护标准的差异
项目系统风险	工程进度风险	工程设计进度是否在计划内
	项目质量风险	项目设计质量是否达标
	项目成本风险	项目设计成本是否超支
项目人员风险	业主风险	是否存在资金供应不及时、需求不确定的情况
	项目实施人员风险	项目工人、供应商、分包商管理是否到位，人员结构是否合理
设计合同风险	设计合同格式风险	设计合同格式是否标准
	设计合同内容风险	内容是否完整、文字是否严谨
设计规划风险	设计招标风险	流程是否规范、手续是否完备
	设计方案风险	方案是否合理、技术是否可行
设计实施风险	设计概预算风险	计算是否科学、全面
	施工图设计风险	内容是否完整
	施工组织设计风险	组织结构是否合理、高效
	设计技术风险	设计是否适用、协调
	设计程序风险	程序是否科学、可行
	设计资料风险	资料管理是否及时、完备
设计收尾风险	技术交底风险	交底是否充分
	图纸会审风险	会审是否仔细
	配合施工风险	配合是否到位
	设计变更风险	质量、需求等变更管理是否有效

3.3 国际工程项目设计风险应对

在国际工程项目设计过程中,或多或少都会存在一些风险。在了解项目设计所处的风险水平之后,下一步就是决定如何应对和防范这些风险。在国际工程项目中,为了有利于设计过程的风险管理,应该从非设计周期和设计周期两个方面出发,采取有针对性的风险应对措施。其中,非设计周期风险主要包括外部风险、项目系统风险、项目人员风险和合同风险。设计周期风险主要是指项目设计前期、中期和后期存在的各种设计风险。讨论分析项目设计不同阶段的风险应对措施,有利于全面系统地应对和防范国际工程项目设计风险。

3.3.1 非设计周期风险的应对

非设计周期风险的应对可以从以下几个方面进行。

（1）政治风险方面

国际工程承包商应当及时与本国外交部、商务部等政府部门沟通,掌握投资场所的最新政局动态;同时,结合工程历史数据,绘制全球不同国家和地区的政治风险地图,归纳总结,形成风险指数,从而对政治风险预防进行指导。一旦进入国际工程所在地开始设计和施工,要主动与当地政府主管部门协调好关系,防止不必要的风险出现。

（2）经济风险方面

在投资前期要做好充分的市场调研,了解清楚当地及周边市场的基本局势,并做好该区域三到五年内的经济走势预测,以方便制订施工周期内的投资方案和资金分配计划。同时,要对当地市场的盈利率、通胀率等有充分的准备和估计,做好一定的预算安排和外汇储备,才能较为从容地应对该方面的风险。

（3）环境风险方面

国际工程承包商要在可研阶段充分了解施工现场的基本自然环境和地质条件,为后续工地进驻做好基础准备。要充分结合当地的自然资源,合理设计项目方案,安排施工工期、进度,选择与之相对应的施工技术,配备相应的医疗资源,以免影响工程正常进度。

（4）法律规范风险方面

国际工程承包商在投资前期就要对项目所在地的法律政策有详细的了解,划定施工的政策警戒线。在施工过程中,要设计好合理的工程款支付比例,才能确保项目利润率和资金流转顺畅。同时,要配备相应的专业法律支援团队,及时处理工程进度中遇到的各类突发事件。

（5）项目系统风险方面

为减少由于施工系统性变化带来的影响,如业主方需求变动,材料、劳务、设备价格变化等情况,国际工程承包商应当预先设计好几种应对方案。当这类难以避免的系统风险出现后,能及时调整设计方案,减少由于频繁变更、调整设计所带来的风险。

（6）项目人员风险方面

国际工程承包商应当事先与业主、分包商进行充分沟通,明确工程需求和责任界限。然后,根据沟通结果,进行详细方案设计,并做好调整设计方案的预备工作。在招聘和管理外籍项目人员时,应当制定一套适合当地国情的管理办法,从薪酬和企业文化等方面进行综合管理,从而提高工作效率,确保项目如期保质保量完成。

(7)设计合同风险方面

国际工程承包商应当对工程项目的基本情况进行整体把握,制定能够规避风险、提高利润的合同条款。在合同中制定严格的奖惩措施,实现风险的可预计性,既能保证承包商的合理利润,又能降低违约风险。一般情况下,国际工程都会以主要合同与附加合同并行的方式进行操作。

3.3.2 设计周期风险的应对

(1)设计前期风险的应对

任何风险的产生都有其源头,可以加强对风险源的控制,减少风险发生的概率。

首先,应加大风险教育培训力度。不管是商务人员、勘察测量人员,还是设计项目人员,都需要进行必要的风险培训,这项工作非常重要。要系统培训项目组的各类成员,让其尽快且全面地掌握风险应对知识。

其次,应完善监督和责任机制。通过设计有效的监督机制,明确责任分工,严格执行公司内部的质量管理规定,可以保证勘察设计质量;通过建立责任奖惩机制,可以监控风险,降低风险的发生概率。

再次,应充分调研,掌握项目具体情况。受地区经济和政治的影响,国际工程项目所在地的工程融资模式、工程基础资料、工程建设模式、工程管理模式良莠不齐。这就需要工程设计人员提前介入,认真踏勘和收集项目设计资料,落实当地相关工程管理流程以及参照的设计施工规范,发挥设计方的龙头作用,切实承担起资料收集、勘察测量、工程方案制订、经济比较、工程融资配合等前期工作的主体责任,加快推进项目进程。

最后,应建立起专门的管理机制。在国际工程中应成立专门的部门,负责完善机构和人员方案,设置有效的管理制度,确保工程设计阶段和工程施工配合阶段设计团队的高效运作,以抵御可能发生的风险。

(2)设计中期风险的应对

在项目依照设计方案开工以后,只有及时跟进施工过程,密切关注各方动态,才能有效防范风险,降低风险发生的概率。国际工程项目的设计方必须与业主和咨询工程师密切配合,进行全面的设计方案沟通与交流。该阶段,总承包企业需要积极与业主、咨询工程师沟通,根据设计方内部质量要求,认真开展设计内部评审工作,做到高标准把关,关键点控制。设计方要向施工单位做好设计交底工作,全面了解承包商的施工组织计划,做好现场设计配合服务;要确保能及时出图、有效供图,完善设计进度计划,确保满足工程总体进度计划要求,及时纠偏。

设计方要引入严明的设计人员奖惩制度。要定期对设计进度、质量、现场服务等内容进行考核;要及时与业主及咨询工程师进行必要的沟通,确保工程设计方案符合业主及工程项目所在国的规范要求。在这个时期内,必须严格按照业主和咨询工程师的意见,对工程项目所在地执行的设计标准和规范加强学习,以当地认可的标准定位设计思路,充分论证研究,提高设计水平。

在项目施工阶段,首先,要充分注意国际标准的规定、业主的意愿等问题,及时调整优化设计方案,以保证工程目标不偏离。其次,要做好设计资料的管理工作。可以采取电子资料和纸质资料双份存档的方法,降低资料丢失损坏的风险。再次,要及时上交技术资料,定期将项目资料做好备份,并保存至公司服务器存储。由于现场安全风险的存在,还要做好现场电脑及其他设备的保管和保护工作。最后,要做好设计概预算以及参与工程计量管理。为避免设计概预算不准确,影响工程进度和总成本,在进行施工组织管理优化时,应将有关风险因素编制成激励点进行监控,提升管理效果,确保工作效率。

(3)设计后期风险的应对

进入工程设计收尾阶段时,风险管理工作同样不可忽视。在项目设计风险管理方面,应主要做好以下几方面的工作。

第一,严格图纸会审和技术交底。要保证图纸设计水平,同时满足国际规范的要求,在必要时,应当与当地或者其他国外工程设计公司合作,加强图纸的审定审核。施工图技术交底时,设计单位要就施工图纸进行详细交底解释和说明。特别是对于项目中涉及的重点及新型技术,要进行细致交接,交接时间应当在施工前期的议定阶段。

第二,确保设计配合的时效性。施工阶段,设计单位要及时处理和应对相关方提出的项目设计问题。如果属于不能及时解决的复杂问题,要由设计部门牵头,组织专家会商,提出解决方案,并给出具体的解决时限。设计方应按照总承包企业的要求,派遣设计配合人员常驻现场,实时参与施工验收,确保工程按时及保质保量完成。

第三,妥善处理设计变更。设计变更的出现,会影响工程项目的进度控制、成本控制以及质量控制。而变更又是工程项目建设的常态,因此在项目实施过程中,应尽量控制变更设计的数量。设计人员应加强 FIDIC 合同条件的学习,制定设计变更的管理办法,积极与承包商沟通,做好业主和咨询工程师的设计变更备案工作。在设计变更提出后,设计人员要组织力量进行现场采样分析,讨论方案,在不影响工程质量、进度的前提下,进行设计优化,确保工程如期完成。同时,应甄别出虚假变更和恶意变更,及时反馈给项目管理方。

3.4　国际工程联营体项目设计风险识别与防控

联营体是近些年国际工程项目中常用的组织方式,它是一种在工程承包市场中,由两个或两个以上的承包商联合经营的模式。联合经营是指多个承包商为实现特定的战略目标,共享资源,分担风险,实现优势互补,承揽工程项目,在保持自身独立性的同时,通过股权参与或契约联结的方式建立较为稳定的合作伙伴关系,并在某些领域采取协作行动的合作方式(江湖,2015)。

3.4.1　国际工程联营体项目设计风险识别

由于联营体各方在文化背景、宗教信仰、管理理念与水平、人员组织、经营风格等方面的差异和语言方面的障碍,再加上大型项目本身的特定条件,以及所处的复杂外部环境,联营体项目面对的风险也表现出与传统国际工程项目不同的特征。例如,在合作伙伴的选择上,联营体协议中责、权、利的分配,联营体内部的组织、资源、财务、税务管理等,这些风险的应对无不与联营体的内部管理息息相关。一个切合实际、高效运转的联营体是应对风险的基础和前提,识别和管控联营体风险,维护联营体的健康运行,是联营体项目成功的关键(程建,2015)。

对于国际工程联营体设计项目而言,在项目实施的过程中,设计方追求的是设计成果的最终审批,某些情况下可能会忽略设计的经济性和合理性。而施工方作为设计的最终实现者,在追求设计进度的同时,更加注重设计的可操作性,尤其是在基础设施薄弱和社会经济条件较差的地区,一个简单有效的设计更加符合施工方的利益。在国际工程项目联营体的风险管理体系中,联营各方要以协议为基础,根据项目的特点,梳理可能面对的风险,共同分析应对的方案,做好预案,达到共赢的效果。

由于不同国家的体制、社会文化和工程经营风格等方面存在差异,以及企业内部和外部的原因,国际工程联营体项目不可避免地要面对各种各样的风险。工程承包企业组建联营体所面临的风险有很多,例如由于母公司政策变化而导致的项目成本增加、联营工程可行性研究不当、工期延误、市场需求估计不准、联营地点选择错误、联营项目类型选择不当、争端解决的费用增加、合作伙伴选择失误、官僚主义和审批延迟、设计变更过多等问题。对于这些问题,一些发达国家的专家认为,联营体三大类风险的重要程度依次为项目特定风险、联营体内部风险和联营体外部风险。然而,我国专家则多认为联营体风险的重要程度依次是联营体外部风险、项目特定风险和联营体内部风险。这反映了我国承包商与发达国家承包商在国际市场经验上的差异。在组建中外联营体时,应当签订合理的联营协议条款,要按照"对等"的权利和义务原则与合作伙伴分清责任(边久松,2013)。

3.4.2 国际工程联营体项目设计风险防控

合理选择合作伙伴是联营体项目成功的基础。首先要考虑项目的具体情况,考虑各方在资源储备、管理经验和技术能力等方面的互补性,还要考虑各方的历史业绩、履约情况、财务状况和外部关系等因素(程建,2015)。在国际工程联营体设计项目中,联营体需要在投标初期就确定下来,各方要共同对项目进行考察。在施工阶段,设计方通常会派出设计代表到项目现场工作,不仅要承担施工图设计的协调工作,更要对设计的优化、修改和审批负责。为保证这一工作目标的实现,首先要有协议上的约束,其次要有技术、财务等方面的保障,最终完成共同决策。在国际工程联营体项目设计过程中,应采取下列措施进行风险防控。

(1)慎重选择合作伙伴

在组建联营体时,合作伙伴的选择是首要的任务。因为国际工程承包是高风险事业,所选择的伙伴应该能"同舟共济",共同承担风险。这对能否顺利完成工程、能否盈利至关重要。选择合作伙伴必须考虑其信誉、经验、资金、设施及人员等实力,同时还要考虑其与政府的关系和在当地社会的影响力。信誉是联营体风险共担、利益共享的根本条件。在选择合作伙伴时,要对其优势和不足有足够的了解,并要和己方有良好的互补性。我国工程承包企业所选择联营的当地工程公司除应具备信誉、经验、资源和实力以外,还应有良好的社会关系,以利于疏通解决当地问题的渠道(卢东升,2006)。所选择的合作伙伴还应能够提供充足的资金。在联营体组建的初始阶段,必须有足够的资金来满足与人员、设备、临时设施、营地建设等相关的费用。这笔资金应由银行监管,根据协议,联营体可以在实际需要时提取资金。联营体的资金应在项目实施过程中根据实际需要不断注入,联营体协议应包含关于其额外运营资本的条款。

（2）签订明确责权利的联营体协议

联营体协议是指为投标获取项目、实施项目协作,就各联营体成员的职责、权利和义务达成的协议。联营体成员之间的联营体协议如同联营体与业主之间的工程合同一样重要。联营体协议必须内容完整、定义准确、各方责权利明确。其主要内容应包括:各方权益、各方职责与义务、贡献形式、价值评估、组织结构、控制及决策、利益分配等。联营体协议的订立只针对某一具体的工程项目。

为保障项目实施并避免实施中产生内部矛盾,应严格划清各方的责任。各方根据自己的特长与优势,在实施项目时分担自己的责任,共同担负项目承包风险。分担的方法可以按咨询、设计、施工、货物采购划分,也可以将工程分为若干部分由各方分别承担。联营体成员在享有协作权利的同时,还承担对其他联营体成员提供协作的义务。为了实现共同的经济目的,联营体各方除了履行各自的合同义务,还要为联营体其他方履约创造条件和提供便利。联营体各方应从联营体整体的利益出发,保证工程顺利实施,工程合同顺利履行。

（3）加强多方沟通协调

国际工程联营表面上看是各方资金、技术、商品、劳务、管理的合作,其深层次的内涵则是多元文化的碰撞、冲突和融合,是文化的联营。要合理应对联营体管理的内部风险,就必须重视跨文化沟通,促进思想文化和制度的融合。当前,我国大多数工程企业,尤其是以施工为主体的工程公司缺乏有技术、懂管理且具备较强英语沟通能力的工程技术人员,国际管理背景的缺乏和语言功底的薄弱往往带来信息的缺失、误解,容易激发人际关系矛盾并爆发文化冲突。尤其是在与项目所在国或者第三国合作伙伴组成联营体时,跨文化沟通显得更为重要。所以,设计过程中的协调工作是十分重要的,总承包商应明确专人（部门）负责组织设计实施过程中的下列沟通协调工作。

① 专业设计间的配合协调。由于国际工程联营体项目往往规模大、技术复杂、涉及的专业较多,因此,项目的设计方往往包括了主设计单位和若干专业设计单位,例如,土建工程作为主设计时,往往还会有钢结构设计、机电工程设计和智能工程设计等。这样必然就存在设计分包方间的互相配合、协调的问题。总承包商要熟悉各个设计阶段的任务,清楚了解各专业之间的接口关系,以便充分发挥组织协调的作用。总承包商应采取有效的方式协调好各设计分包方之间的有关技术参数、技术接口、工程交叉配合、设计进度等问题,保证设计能有条不紊地按计划进行,从而保证工程施工进度。

② 与物资采购工作的协调。在设计开始时,总承包商就应充分考虑设计对工程物资采购的影响。特别是需要境外采购的高档装修材料以及机电设备等采购周期长的物资,应与设计方做好协调工作,要求其尽早提出物资的具体订货要求,以保证项目采购计划的制订和实施。此外,总承包商还需要将项目采购部门的市场调查和物资供应商的有关信息反馈给设计方,供其选型,以确保工程物资的匹配性和适宜性,有效控制采购成本（赵丕熙）。

③ 设计进度协调。在施工准备阶段,总承包商应制订并向设计分包方提出满足施工总进度控制的设计进度计划,对于制约施工关键控制点的设计工作,必须在各分包方设计进度计划中交代清楚。总承包商要以与设计分包方共同确认的设计进度控制计划为依据,监督、检查各设计分包方的设计进度计划执行情况。在项目施工过程中,往往会出现各种影响设计进度和

施工进度的不利因素,总承包商必须及时做出分析和判断,采取有效的调整措施,并将有关调整计划及时准确地传达至各设计分包方,要求他们随即采取相应调整措施,确保实际设计进度满足施工需要。

④ 中外人员的设计合作协调。我国承包商在某些国家会遇到当地设计单位设计能力水平不高、工作效率低下,以及图纸质量不高和出图速度过慢的问题。对于这种情况,应该组织自己的设计力量与当地设计分包方进行联合设计。这样既可以利用当地设计单位熟悉项目所在国的设计理念、习惯及技术规范标准的长处,又能发挥我方设计人员了解工程实际以及工作效率高的优势。总承包商针对这类合作设计,应关注各方的配合情况和存在的接口问题,及时协调、解决配合过程中的问题。如果组织协调得好,这种合作的设计方式不仅可保证设计进度,而且能使设计图纸顺利通过工程师的审批,进而保证施工的正常进行。

总而言之,我国的国际工程承包企业要善于学习,积极研究国外的政治、法律、经济以及社会实际,以减少国际间的文化冲突,提高与合作伙伴间的融合度,共享合作的溢出效应。在项目执行过程中,要通过经常性的沟通和交流,建立和谐的人际关系,树立共赢的合作理念,塑造共同的价值取向。对于国际工程联营体项目而言,在项目初期的勘察设计阶段,在对设计的原则和计划进行确认后,联营体各方应在地质、水文、地形等资料收集中展开深度合作,各自发挥自身优势,这样才能够快速地拿出较为合理的初步设计方案。在日常沟通中,联营体各方的技术资料也应该进行共享,我国设计企业也能通过对国外企业提供的设计文件和使用的相关软件的探索研究,加强自身的设计能力,并加深对外国规范的认识,提高运用水平。在施工图设计完成后,设计方对设计过程和成果应该进行总结,特别是需要提出索赔的部分,如招标文件和合同文件提供的错误信息、业主审核批复滞后、拆迁安置滞后等,并对如何索赔提供相应建议,这样才更容易对国际工程联营体项目的设计风险进行防范,从而达到共赢效果。

3.5　国际工程项目设计风险案例

3.5.1　工程项目概况

某水电站项目位于阿根廷境内的圣克鲁斯河上,业主为阿根廷联邦能源矿业部。该项目由同在圣克鲁斯河上、相距 65km 的孔多克里夫电站和拉巴朗科萨电站组成,两电站装机总台数为 8 台,总装机容量为 1 310MW(其中,孔多克里夫电站 190MW 机组 5 台,拉巴朗科萨电站 120MW 机组 3 台),包含一条 500kV 输变电线路。由我国某大型公司、阿根廷国内某公司组成的联营体于 2012 年投标获得本项目,2013 年 10 月正式签署商务合同,合同工期为 66 个月,质保期为 2 年。工作内容包括融资、设计、供货、施工及 15 年的运行维护。

该水电站项目于 2015 年 2 月正式开工,临时营地建设、进场道路施工、设计、地质勘查等工作开始实施。2015 年 12 月联营体环评获圣克鲁斯省环境署的批准,但受总统竞选的影响,主体工程仍无法实施。

2015 年,改革派候选人马克里竞选成功。新政府上台后,将本项目作为抨击前政府的主要工具之一,不仅大力渲染本项目对环境造成的影响,还提出了终止项目的威胁论,同时停止了对项目的结算支付。

该工程中方项目部一方面在母公司的支持及领导小组的指导下,积极联络大使馆、融资行、中信保等机构;另一方面充分利用母公司丰富的社会资源对政府施加影响,促使政府打消终止项目的想法并往谈判合作方向进行。2016年2月,阿根廷政府提出因环境、法律、设计等方面的问题,需对项目合同进行重新审议,业主和承包方进入谈判阶段,后来签署了补充协议,项目继续推进。

2016年业主仅支付了小部分的工程款项,导致联营体资金状况陷入困局,项目仅能维持日常运营,设计、设备采购、营地建设等受资金影响,进度较慢。此后,随着合同部分的补遗的签署,联营体与业主就支付等一系列问题展开了沟通,业主尽快恢复了结算支付以解决联营体资金问题,使工程项目施工步入正轨。

该国际工程联营体各方根据各自优势进行了分工,我国某大型公司主要负责土建工程的实施,阿根廷国内某公司主要负责机电工程的实施。联营体内最大的两个分包合同系土建工程的实施分包合同及机电工程的实施分包合同。设计、地质勘探、环评及零星分包合同由联营体层面进行管理,其他土建及机电项目下的分包合同则由联营体内的这两家公司各自管理。

3.5.2　国际工程项目主要设计风险识别分析

该国际工程项目联营体与业主正式签署了补充协议,其中明确规定"主体工程将根据承包商的进展情况,在业主批准后开工"。补充协议签订后业主支付逐步进入正常状态,联营体的资金问题也逐步得到解决,项目实施进入正常轨道。根据目前形势分析,该联营体在未来一段时期内仍将面临下列设计风险。

(1) 政治和政策风险

2015年12月,该工程所在地圣克鲁斯省召开了关于本项目的环评听证会,当月该项目通过了听证会并由圣克鲁斯省环境署批复了该项目的环评报告。而新政府上台执政后,对项目的环评报告提出质疑,提出重新审议的要求,并要求联营体根据环境部要求,提交环评方面的补充资料。

新环境部长上台后,以环境问题为由先后叫停几乎所有阿根廷境内基础工程项目,包括该项目。虽然其后联营体与业主及环境部积极沟通并达成一致:环境已不作为项目开工的条件,不会影响项目施工,但环境部提出了一些需联营体在项目施工中注意的事项,并要求进行相关环境研究。

鉴于本工程工期较长,环境问题成为项目能否顺利执行的重要因素,构成项目一项潜在风险,必须引起联营体高度重视。

(2) 法律规范风险

阿根廷法律制度相当复杂,且经常变化,该工程联营体中的我国某公司作为阿根廷的新入外商,对当地法律的了解及掌握程度尚有所不足,再加上新政府上台执政不久,各项法律制度又面临变更,更对该公司掌握当地法律制度带来一定的困难。

在税务方面,整个工程项目投资建设过程中需要严格遵守阿根廷税法税制及税收政策,开展税务管理工作;我方对内有自己的管控模式,但需要与阿根廷相关的规定相适应。同时,由于语言及文化差异,在深入和准确地了解阿根廷相关政策法规及税务管理方面仍然存在风险。

（3）项目设计工期风险

该工程原合同工期为 66 个月,开工日期为 2015 年 2 月,第一台机组投入商业运营时间为 2019 年 8 月,完工日期为 2020 年 8 月。因阿根廷新政府对该工程提出设计变更方案,承发包双方在充分考虑各方因素且协商一致后,对工期进行了调整。

联营体的工期调整计划结合了设计及设备采购优化方案,同时兼顾了土建及机电工程建设等各方因素,且是在联营体专门组织人员对土建、机电工程进度进行了研究、分析并和监理及业主讨论后最终确定的。按照调整后的工期计划,工期风险可控,但鉴于阿根廷不断变化的政治及社会形势,工期风险仍是联营体必须高度重视的一个较大风险。

3.5.3 国际工程项目主要设计风险应对

针对上述实际案例面临的主要风险,按照国际工程项目设计风险管理的常用应对措施,联营体可以采取以下措施来解决该国际工程项目的设计风险问题。

（1）政治和政策风险应对措施

在工程实施过程中,联营体需要密切与业主及阿根廷环境部沟通,满足其有关环境的各项要求,保证不会因环境问题而影响现场施工。此外,我国公司要善于学习研究外国的政治、法律、经济以及社会关系,以减少国际间的文化冲突,提高与合作伙伴间的融合度,共享合作的溢出效应。在项目执行过程中,通过经常性的沟通和交流,建立和谐的人际关系,树立共赢的合作理念,塑造共同的价值取向。

（2）法律规范风险应对措施

针对法律风险,联营体可以直接聘请专职律师,为项目实施过程中的相关事宜提供法律咨询服务。同时,该工程中方项目部可以聘请专业律师,专门为中方事务提供法律援助。

在国际工程的税务风险方面,联营体及项目部需要组织专人编制税务筹划方案,聘请专业的会计师研究在紧密型联营体框架下的财务管理模式,为项目的税务问题厘清思路,提供最佳方案,从而有效规避联营体层面及我方在项目层面的税务风险。

（3）项目设计工期风险应对措施

针对该项目,首先需要从源头上解决国际工程联营体的资金问题,按照已经签署的补充协议,积极与业主就结算问题进行沟通,争取早日实现结算支付的正常化,才有利于应对项目的设计工期滞后风险。

在设计过程中,承担主要设计工作的设计单位在项目开始前就要认真落实水电站规范的使用条件,不仅要满足国际规定的要求,同时还要符合项目所在国的法律法规及设计条件。在日常设计中,要与施工方进行积极沟通,特别是在思想文化和制度方面,更要符合当地的建筑设计要求,这样可以减少后期的工程变更次数,有效控制国际工程项目的施工工期。

4 国际工程投标报价与合同风险管理

4.1 国际工程投标报价概述

4.1.1 国际工程投标报价的概念、性质和基本要求

工程投标报价是工程建设中十分重要的概念。工程投标报价是指工程投标单位采取投标方式争取包揽工程时,以该工程招标文件中的设计图纸、工程量清单、投标须知、价格条件等资料为基础,结合现场勘察,根据有关定额、单价和费用标准来计算的争取中标后承包该工程所需的全部费用。投标报价的总额由直接费、间接费、利润、不可预见费和其他费用组成。在国际工程中,投标方在满足招标条件的前提下,可结合自身能力情况,在规定时间内进行投标报价。

国际工程投标报价活动具有要约的性质,开标之后如果中标,则投标方会收到相应的标书约束。

企业作为投标方,在投标活动发起之前,应对国际工程项目进行估价,合适的价格有利于中标。在国际工程项目中,投标报价的基本要求主要有以下几点。

(1)目的性

投标报价活动目的明确,承包企业通过表明价格与实力等多种优势,最终达到中标的目的,获得经营该项工程的权利,并由此产生收益。因此,在投标报价决策中,应考虑不同时期的利益,减少风险与不必要的损失。根据目的的不同,可采取不同的价格策略。一般情况下,作为一种经济活动,企业应该保证自身收益最大化。企业在投标报价时,应该合理考量工程项目的可行性,避免因对工程项目任务估计不足,导致成本上升,不能获得预期收益。此外,部分企业可能由于自身的当前市场认可度不足,希望将自身先进的技术与能力推向市场,或是为了保证企业自身生存发展等,往往采取特殊的报价策略。因此企业在投标报价时应该明确自身目标,合理投标报价。

(2)及时性

投标报价过程中,一般都有时间规定,企业需要在规定的时间内完成投标报价活动。在国际工程项目中,投标报价活动的实际工作量是非常大的,经常涉及对大型的设备或对国际因素

的考量,这对投标方无疑是一种考验。因此,工程承包企业应特别注意这一点,保证投标活动的及时性。

（3）准确性

确定了投标报价的目的,了解了投标报价活动的期限后,如何确定合理的价格,也是十分重要的。投标企业必须具有科学严谨的计算方式,保证投标价格合理。在国际工程项目中,对于工程造价的估算更加复杂,总体价格可能更加庞大。因此,投标方必须对工程造价与设备价格等非常了解,在这个时期,可能会涉及大量的资料查询和计算工作,无疑会给投标方带来非常大的难度与挑战。合理的报价既是投标企业实力的体现,也能够直接关联中标结果。

（4）策略性

在工程招标,尤其是在国际工程招标中,环境与形势十分复杂。仅仅在价格上有优势并不能保证中标。投标报价应有一定的策略性,要了解目标项目与竞争对手,知己知彼,选择合适的竞争策略,达到中标的目的。

4.1.2 国际工程投标报价的准备工作

国际工程投标报价的准备工作主要包含以下几点。

（1）组建投标的工作机构

任何一项活动的顺利开展,都离不开一个优秀的工作机构。尤其是对于投标报价这种非常复杂的经济活动,投标方对于工作机构的评审应特别重视。在工作机构建立方面,既可以选择已有的组织机构,也可以临时创办项目机构。具体采用哪种方案,投标方应该综合考量自身能力与目标。如果投标方本身就是非常有经验的组织机构,或是具有相似度较高的成功先例,相对来说就更加简单一些,可以直接采用。如果没有,建议成立临时项目组,专项负责投标报价。

（2）提交投标资格表

在投标报价过程中,有一个必要的环节,就是资格审查。投标方需要按照一定要求填写资格表,按时提交给招标方。通过资格审查,招标方会确定哪些投标单位可以参加投标报价活动。

（3）购买标书与招标文件

资格审查过后,如果投标方符合要求,应该及时购买项目标书与投标文件,并对以下几个方面进行了解与研究:

① 投标者须知。投标者须知为说明性的内容。投标方可以通过这份资料了解如何投标。投标者须知的内容包括投标公司（企业）条件,各项文件递交的说明与时限等。

② 技术质量要求和图纸说明。了解此项说明,也是保证投标报价价格合理性的前提。只有非常详细地掌握这项要求,才能避免价格评估不合理,从而避免严重损失的发生。尤其是对于国际工程项目来说,这项内容显得尤为重要,必须综合考量各种明显或潜在的要求。

③ 合同。此项内容涉及范围较广,在投标报价过程中,应该着重注意与报价相关的合同条件。

（4）调查投标环境

所谓投标环境,是指工程项目施工的自然、经济、法律和社会条件等。相较于国内项目,在国际工程项目中应当更加注意环境调查,投标环境会对工程建设产生直接的影响。

（5）材料与设备询价

价格因素与投标合理性直接挂钩,因此对材料与设备的询价也是投标活动中必要的辅助性工作。投标方应研究如何以更低的价格获取工程所需材料与设备。投标方在进行材料与设备的采购时应该更加谨慎,尤其是国际工程项目对特型设备要求可能较多,国际工程项目的投标活动就更需要承包方多方询价,综合考虑设备本身价格及额外费用等因素,比如进出口关税、运费等。

（6）分包询价

在国际工程项目中,经常会面临大型成套设备的采购。设备采购也是大型成套项目出口和国际工程承包项目的重要组成部分。一般来说,设备部分的费用占项目合同总额的 30％～50％,有的项目甚至会占合同总额的 60％ 以上。因此,做好设备的供应与管理工作是大型成套项目出口和国际工程承包项目成功的关键因素之一。国际工程中,大型成套设备的采购,通常会选择分包的形式。国内外惯用的分包方式主要有两种(李燕滨,2010):一种是由招标单位签订合同,总包单位仅负责在现场为分包单位提供必要的工作条件,协调施工进度,并向招标单位计取一定数额的成套项目管理费。另一种是分包单位完全对总包单位负责,而不与招标单位发生关系。分包工程设备应由总包单位统一报价。分包工程报价的高低,自然对总报价有一定影响,因此,在报价以前应进行分包询价。将工程设备分包给其他承包人时,并不是完全按照总包合同价格计算,而是由总包商和分包商另行商定。

4.1.3　国际工程投标报价的形式选择

国际工程项目投标报价的形式与承包方式有关。一般来说,对工程设备项目的承包主要有总包、分包、转包和联合承包几种。从经济学角度来看,商品的定价由市场决定,对于这样复杂的工程,承包投标方必须要对工程设备有详细的了解。同时,由于工程项目十分复杂,对设备的要求普遍较高,工艺更加复杂。因此,不同承包方式的价格差异可能会比较明显,要注重这个阶段的资料和实地调研,保证工程报价的可行性。

（1）总包价格

总包通常是指对项目进行一揽子承包。在国际工程项目中,工程投标报价要准确划分报价项目和待摊费用项目。报价项目就是工程量清单上所列的项目,例如平整场地、土方工程、混凝土工程、钢筋工程等,其具体项目因招标工程内容及招标文件规定的计算方法而异。待摊费用项目不在工程量清单上出现,而是作为报价项目的价格组成因素隐含在每项综合单价之内。采用总包方式的招标方会提出技术要求和时间期限。在资格审查之后,合格的投标方获得购买标书的资格,通常来说,招标方会提供技术要求与工程设备的设计图纸。如果是由投标方进行设计,价格中还应包含设计费用。

（2）分包价格

一般情况下,分包的单项工程设备价格由总包方统一向招标方报价和结算。分包方一般不与招标方发生直接关系,但总包方在选择分包方时应经过招标方同意,并有义务使用招标方指定的分包方。

（3）转包价格

转包是指承包方把从投标方那里承包的成套工程设备项目或部分单项工程设备再转让给其他承包方。转包价格是在原合同相应项目价格基础上,加收一定的管理费。一般情况下,工程转包多属全部转包,部分单项工程设备的转包情况较少。只有在总包方分项目多次签订合同时,才会发生部分转包的情况。

（4）联合承包价格

联合承包是指招标方把一些大型成套工程设备分项承包给若干个承包方,由各个承包方联合起来完成全部工程设备项目的生产施工。它与转包中把部分单项工程设备转包给其他承包方的主客体不同,转包是总承包方与接受转包的承包方之间的经济关系,而联合承包是招标方与各承包方的直接经济关系。

对于在单项工程设备制造上技术力量雄厚、技术装备较好的企业,采用联合承包方式比采用总承包方式中标的概率要大得多。同时可以扬长避短,减少如采用总承包方式时可能带来的风险。联合承包价格按各承包者中标后的合同价格执行。

4.1.4　国际工程投标报价阶段的风险管理工作流程

国际工程在投标报价阶段,应该严格把控工作流程（王海志,2015）,做好投标报价阶段的风险管理,保证工作平稳有序地进行。

（1）投标前

投标方在投标前,应做好以下几点风险管理工作。

① 组建投标报价的专项工作机构;

② 制订针对风险管理的工作计划;

③ 查询与整理相关资料,咨询行业专家,初步整理风险清单。

（2）决定投标后

在决定投标后,投标方应该对风险进行进一步的分析与评价,并思考对策。具体来说,可以:

① 进行风险分类。一般情况下,我们把风险分为技术性与非技术性两大类。决定投标后,应对大类风险进行细分,开展专家访谈,利用多种风险识别方法进行识别与评价。由于处于项目前期,很多信息不够充分,此时应偏向于采用定性的方法进行评判,并尽可能结合定量分析。

② 编制风险识别清单。根据风险的识别与评价编制风险识别清单,以便确定日后工作开展的方向,思考风险防范策略等。

4.2 国际工程投标报价风险识别

根据上文介绍的风险识别方法,结合国际工程项目的特点与风险的不同来源,可以得知国际工程投标报价阶段的风险主要有自然风险、政治风险、经济风险、技术风险、社会风险和管理风险(刘淑侠,2012)。鉴于一般国际工程项目合同条件都将不可抗力等自然风险归于业主风险,且国际工程承包商还可以通过工程保险来规避部分自然风险,故在此不考虑自然风险,仅分析国际工程项目投标报价阶段的其他五类风险。

4.2.1 政治风险

相较于国内的工程项目,国际工程项目最显著的特点就是具有政治风险。由于工程项目所在国的情况各不相同,政治风险中需要考虑的因素也复杂多样。尤其是一些战乱国家,政治局面不稳定,所带来的风险可能很大。

(1)政局不稳

政局稳定是指政治系统保持动态的有序性和连续性。反之,政局不稳可能表现为政治动荡、社会骚乱、政权发生突变、公民非法参政等。政局不稳,对于国际工程项目来说是非常大的挑战,同时也是政治风险的主要来源之一。

(2)国际关系紧张

国际工程项目所在国的国际关系,也将影响项目的进行。尤其是该国与周边国家以及强国的政治关系,会对项目的实施产生非常大的影响。国际关系包括政治关系、经济关系、民族关系、军事关系、文化关系、宗教关系、地域关系等,紧张的国际关系可能会带来冲突和斗争,甚至战争。这些都会直接影响工程的有序进行,甚至会给工程人员带来人身伤害。

(3)法制不健全和政策多变

一些欠发达的国家,法制可能不够健全。或是由于政权变更频繁,法律政策经常发生变化。这就给国际工程项目带来了一定的风险。在国际工程项目开展之前,一定要充分了解所在国的法律政策。由于对政策的忽视而带来巨大损失的先例很多,我们要从中吸取教训,避免因这类风险产生不必要的损失。

4.2.2 经济风险

经济风险对于国际工程项目的影响不言而喻。经济风险通常是指经济条件变化给项目带来的风险,例如市场风险、汇率风险和通货膨胀风险等。

(1)市场风险

市场风险是指交易者因市场条件的不利变动而蒙受损失的风险。比如基于对本土企业的扶持,部分国家对本土企业会有一定的优惠政策,例如能够获取较低的价格;甚至有些国家会对投标公司有硬性规定,比如必须使用当地的劳动力,或是规定作业时长等,这就给投标报价带来了一定的影响。投标方需要充分了解项目所在国的市场因素,了解材料和工时价格,进行合理估算。

（2）汇率风险

在国际工程项目中,必然要考虑汇率风险。细微的汇率变动可能带来巨大的损失。通常来说,工程款的支付是采用多种货币共同支付,比如使用国际通用的货币、所在国的货币等。国际工程承包商要考虑将这些货币按照一定的方式和比例进行支付,尽量规避汇率变动带来的风险和损失。

（3）通货膨胀风险

通货膨胀情况下,物价普遍上涨,社会经济运行秩序混乱,企业生产经营的外部条件恶化。国际工程项目通常建设和经营周期较长,很容易面临通货膨胀所带来的风险。因此,对于未来可能产生的风险,国际工程承包商在投标初期就要做好充分的准备,尽量规避通货膨胀的影响。

4.2.3　技术风险

工程承包企业技术水平的高低,直接决定了其能否中标国际工程项目以及从项目中获得的利润情况。投标报价阶段的技术风险主要包括以下几个方面。

（1）技术能力风险

技术能力是获得投标资格和履行合同的关键前提,承包商应认真研读招标文件要求,尤其是技术标准和规范。对拟投标项目的各方面的技术标准和规范要反复琢磨,客观分析自己的技术力量,判断己方是否有实力完成拟投标项目的各项技术指标。

（2）施工组织计划风险

有些承包商在投标阶段对施工组织设计方面投入的人力不足,施工方案流于形式,纸上谈兵,仅以符合业主招标要求为目标,不具备可操作性。有的承包商在投标的合同谈判阶段,被动接受业主工程师提出的苛刻的技术条件,未经仔细论证就签字认可,中标后难以兑现相应承诺,给施工过程带来重重阻力。

（3）市场调查及现场考察风险

国际工程项目的建筑材料和工程设备来源十分广泛,有些来自承包商所在国,有些来自工程项目所在国,有些来自其他国家和地区,这主要取决于项目情况和项目所在地的市场供应情况。国际工程项目承包商投标报价阶段要十分重视对市场的调查,防止现场考察不准、不细。

（4）工程量核算不准确风险

国际工程项目招标文件通常情况下附有工程量表,承包商按照标书中的工程量表填报单价,汇总出总报价,这样的方式属于单价合同。也有招标项目不附工程量清单,投标者根据招标图纸和其他文件,按照国际惯例自行计算工程量,编写工程量清单,这样的方式属于总价合同。无论是单价合同还是总价合同,承包商都要在投标报价阶段复核或核算工程量清单表,并尽量准确,任何漏算或错算都可能导致承包商的巨大损失。

（5）招标文件理解错误风险

研究并领会国际工程项目招标文件是编制好项目投标文件的基础。由于投标时间紧、投标业务人员的语言能力不够强、投标企业对目标市场掌握资料不足,承包商常常因为疏于对招标文件的理解,未能对合同条款和技术规范等重要内容进行全面深入的研究,以致出现错误的施工方案和不合理的投标决策,造成重大损失。

4.2.4 社会风险

在国际工程项目中,社会风险必须得到充分重视。工程所在国特殊的社会文化,可能会给工程项目带来巨大的影响。而这一点,在国际工程承包商前期的项目规划中往往最容易被忽视,因为它看上去并不与报价直接挂钩。社会风险主要有文化风险和社会治安风险。

(1)文化风险

不同的国家,往往拥有不同的宗教信仰和风俗习惯。在国际工程项目中,工程企业必须尊重工程所在国的文化信仰,融入所在地区,不影响当地人民正常的生产生活。

(2)社会治安风险

并不是每个国家都社会治安良好,公民友爱礼貌。在国际工程项目中,工程企业应该做好自我防范,避免社会治安问题影响人身以及财产安全。

4.2.5 管理风险

(1)代理商风险

承包商是否能够在项目运作初期选到称职、合适的项目代理商,十分关键。如果承包商选择了不合适的代理商,可能受到以下伤害:一是不能中标,失去机会;二是低价中标,实施过程中困难重重;三是陷入经济纠纷。

(2)合作风险

相较于国内项目,国际工程项目在合作投标上更容易发生合作风险。许多国际工程项目承包商通过内部合作的方式取得非常好的效果。合作伙伴可以是承包商本国的企业,也可以是项目所在国或其他国家的企业,各合作伙伴各取所长,共同建设项目,能够促进项目更好更快地发展。但同时,有合作就有风险,对于合作方的把控比对自身的把控更加复杂,也更加困难。正视合作风险,提前做好约束,也是国际工程项目中必不可少的一环。

(3)投标失误风险

投标失误风险通常是指无法完成投标任务的风险、投标保函不符合要求的风险、承包商不能在规定时间里递交标书的风险、报价太低无法签署合同的风险、无法顺利收回承包商投标保函的风险、承包商中标而业主拖延不签约的风险等。

4.3 国际工程项目合同风险识别

4.3.1 工程风险分担的基本原则

虽然学术界对如何合理分担工程风险还未形成统一的认识,但总的来说,有以下基本原则:

① 当事人应对自己在工程风险管理中的恶意行为或失职行为所产生的风险负责。

② 当事人一方能够轻易地为风险投保,并将保险费计入工程费用的,可保风险由该当事人承担。

③ 当事人一方是风险管理经济利益的最大受益人的,风险由该当事人承担。

④ 当事人一方能够更好地预见和控制风险的,风险由该当事人承担。

⑤ 发生特定风险后,当事人是直接受害人的,应当将该风险划分给直接受害人。这反映了当人们自身利益受到损害时,他们可以采取更主动的措施来规避这些风险。

4.3.2 国际工程项目的合同风险因素

根据合同主体行为,可将合同风险分为客观性合同风险和主观性合同风险。结合参考文献,总结国际工程项目的合同风险因素主要有以下几个方面(表4-1)。

表 4-1
国际工程项目的合同风险因素

风险类型		风险描述
客观性合同风险	政治风险	政局的稳定性、战争和骚乱,业主国家社会管理、社会风气等
	经济风险	宏观的经济环境,汇率风险,通货膨胀风险等
	技术风险	施工现场条件复杂,恶劣的自然环境和不利的地理位置等
主观性合同风险	投标风险	对工程所在国的情况及项目本身情况的了解程度,业主的资信情况,投标书编制的风险,报价的风险等
	合同条款风险	合同中错误、遗漏与不一致,合同定义不准确,不平等条款等
	项目前期规划风险	合同签订之前没有进行仔细调研;所做的项目管理规划不合理等
	索赔风险	由于实际施工情况与合同规定不一致导致合同另一方的索赔,索赔对于业主和承包商来说都是双向的
	合同变更风险	合同工程范围变更风险,工程量变更风险等
	合同价格和支付风险	合同价款的支付比例不合理;业主的付款能力不足
	合同管理风险	合同文档管理不当;合同管理体系不健全
	工程完工风险	未能通过业主及工程师对工程的验收
	合同遗留问题风险	工程完成后仍然存在合同双方有争议的一些问题
	其他风险	其他影响比较大的风险

5 国际工程保险的实施

在"一带一路"倡议进一步落实的背景下,我国越来越多的工程承包企业开始走向国际市场。而国际工程项目建设具有规模大、建设周期长、参建单位多、建设环境复杂等特点,在其建设过程中必然存在大量的风险和不可预见的因素。国际工程市场中,国际工程项目的承包模式在不断发展,工程项目日益大型化、复杂化,技术要求也在不断提高,对承包商的综合管理能力提出了更高的要求。根据国际工程市场的发展趋势可知,国际工程项目比一般工程项目具有更大的风险,风险产生的影响也将直接威胁项目的实施。

风险管理的关键是选择和实施最佳的风险应对策略,把负面事件的概率和影响减小到最低。在各种风险应对策略中,风险转移是应用非常广泛且十分重要的应对策略,而工程保险是风险转移最普遍、最有效的管理手段之一,世界各国工程界目前已普遍接受工程保险。工程保险的核心功能是对投保的风险进行经济补偿,使被保险人以相对较少的费用就能避免承担项目风险造成的巨大损失。因此,国际工程承包企业要想"走出去",应该先熟悉工程风险控制管理方法和工程保险的基本概念,学习判断是否需要投保、应该投哪些种类的保险、该如何选择保险公司、如何对保险进行专业的管理等。

5.1 国际工程风险应对方法

可以从改变风险因素的性质、改变风险发生的概率及改变风险后果程度三个方面着手应对风险。在国际工程项目中,应对风险采用的措施主要有风险回避、风险转移、风险减轻、风险自留四种(聂名华 1995)。在实际中,每一个项目的风险环境都不相同,需要结合项目本身的风险形势采取应对措施。

5.1.1 风险回避措施

1.风险回避的含义

风险回避是指当项目风险潜在威胁发生的可能性太大,不利后果也很严重,一旦风险发生又没有很好的控制措施来减轻风险时,只有主动放弃项目或改变项目目标与行动方案,从而消除风险或产生风险的条件,达到回避风险的目的的一种方法(顾镜清,1993)。

2. 风险回避措施的应用

在国际工程项目选择阶段,对于已识别的政治风险、经济风险、社会风险,可通过风险澄清、获取信息、加强沟通、听取专家意见的方式进行风险评价。如果发现项目的实施将面临巨大的风险,项目管理班子又没有其他可用的措施控制风险,甚至保险公司亦有可能认为风险太大拒绝承保,这时就应当考虑放弃在风险极高的工程承包市场中投标,避免巨大的经济损失。在项目实施阶段,可以通过避免使用不熟悉的分包商,来达到风险规避的目的。

风险回避是风险管理技术中最简单的一种方法,但也是较为消极的一种方法。这种方法虽然彻底地回避了项目中存在的重大风险,但是也彻底地放弃了参与国际工程项目的机会。因此,国际工程承包企业应充分认识风险,了解风险出现的可能性及产生的后果,综合考虑后再决定是否回避风险(聂名华,1995)。

3. 应用风险回避措施时需注意的问题

采用回避措施来应对风险时需考虑以下几个方面的因素:

① 对国际工程项目而言,某些风险也许不可能回避,如地震、水灾、世界性的经济危机、能源危机、突发疾病、意外死亡等风险。

② 某些风险即使可以回避,但从经济上衡量时并不合适。企业固然可以选择不从事任何风险性项目活动来回避风险,但就一般情况而言,任何项目活动都可能存在风险,如果不从事任何项目活动也就不会有收入,当然也就无法获取利润。同时当回避风险所花的成本高于回避风险所产生的经济效益时,如果仍然采取回避风险的方法是不经济的。

③ 回避某一风险可能导致新的风险的产生。例如,一个国际工程需要使用的施工机械原计划通过海运从国内运送至工地,由于当时海上气候反常,担心船舶失事,准备改为在项目所在地租赁,此时又会产生新的风险:当地机械的质量是否满足工程需要;对租赁市场的不了解可能造成成本超支等。

综合考虑以上因素,以下两种情况适合采用风险回避办法:第一,某种特定风险所致的损失概率和损失程度相当大;第二,应用其他风险处理技术的成本超过其产生的经济效益,采用风险回避措施可使项目受损的可能性最小。

5.1.2 风险转移措施

1. 风险转移的含义

风险转移是指设法将风险的结果连同应对风险的权利转移给第三方。转移风险只是将管理风险的责任转移给另一方,它不能消除风险,也不能降低风险发生的概率和不利后果的程度。在国际工程承包中,风险转移是最为有效的风险应对方法(顾镜清,1993)。

2. 风险转移的方式

采用风险转移所付出的代价取决于风险发生的可能性和危害的程度。当项目的资源有限,不能采用减轻和预防的方式,或风险发生的可能性较低,但一旦发生损害很大时可采用此方法。转移风险主要有五种方式：出售、发包、签署免责条款、签署转移责任条款、保险与担保。

① 出售。出售是指通过买卖契约将风险转移给其他单位。这种方法在出售项目所有权的同时也就把与之有关的风险转移给了其他单位。这种出售与风险规避的区别之处在于风险有了新的承担者。

② 发包。发包就是通过从项目执行组织外部获取货物、工程或服务而把风险转移出去。例如，对于一般的建筑施工单位而言，高空作业的风险较大，利用分包合同能够将高空作业的任务转交给专业的高空作业工程队，从而将高空作业的人身意外伤害风险和第三者责任风险转移出去。

③ 签署免责条款。在许多场合，可以通过签署免除责任条款，来转移项目或活动的部分风险。这与风险回避有点类似，但区别在于风险有了新的承担者。例如，在防洪季节承接加固河堤项目，一旦发生特大洪水，随时可能导致项目的失败，在这种情况下签署免责条款就是一种解决问题的方法。

④ 签署转移责任条款，即索赔条款。在施工阶段，索赔是最常见的将损失责任转移给其他单位的有效手段。例如，对于工期较长的建筑工程，承包方可能会因设备、建筑材料价格上涨而导致工程总成本升高。对此，承包方可以要求在合同条款中写明转移责任条款，规定若因发包方原因致使工期延长，合同价款须相应上调，从而将潜在的损失风险转移给发包方。

⑤ 保险与担保。保险是一种通过转移风险来应对风险的方法，也是转移纯粹风险非常重要的方法。在国际工程中，承包商应向保险公司投保。担保在工程项目中是指银行、保险公司或其他非银行金融机构为项目风险承担间接责任的一种承诺。例如，工程总承包商要求分包商提供银行担保，分包商承诺按时、按质量完成分包工程，不会出现违约或失误情况，否则银行将承担间接责任，对总承包商予以赔偿。这样，总承包商就把由于分包商方面的不确定性所带来的风险转移给了银行。

5.1.3 风险减轻措施

1.风险减轻的含义

风险减轻是指设法将某一负面风险事件的发生概率或其后果降低到可以承受的限度。相较于风险回避而言，风险减轻措施是一种积极的风险处理手段，也是应对无预警信息项目风险的主要措施之一（顾镜清，1993）。

2.风险减轻的形式

风险减轻的形式多种多样，可以是执行一种减少风险因素的新行动方案，例如，采用更简单的作业过程、进行更多工程技术试验；也可以是变更环境条件，以使风险发生的概率降低，例如，增加项目资源或延长进度计划。当不可能降低风险发生概率时，可以针对那些决定风险的关联环节采取措施，减轻风险对项目的影响。例如，关键线路上资源有限的工程机械，如果出现配件故障将直接影响进度目标，此时可考虑增加备份配件，以减轻原始部件运转不良导致的影响。

3.损失控制的方法

按照减轻风险措施执行时间的不同,损失控制方法可分为损失预防和损失抑制两种。

① 损失预防。损失预防是指在损失发生前为了消除或减少可能引起损失的各项因素所采取的具体措施,也就是消除或减少风险因素,以便降低损失发生的概率。它从化解项目风险产生的原因出发,控制和应对项目具体活动中的风险事件。例如,对于可能出现的项目团队冲突风险,可以采取双向沟通、消除矛盾的方法去解决。损失预防不同于风险避免,损失预防不消除损失发生的可能性,而风险避免则使损失发生的概率为零。一般来说,损失预防措施是在损失发生前将引发事故的因素或环境进行隔离。如果把引发损失的各种风险因素排成一条事故链,损失预防就是要在项目风险造成的损失发生前切断这条链条。实现这个目标有赖于深入研究这个事故链与风险损失之间的关系。根据帕累托二八原理,在所有项目风险中只有一小部分威胁最大。因此,在进行风险管理时要集中主要力量专攻威胁最大的风险。有时候,高风险是由于风险的耦合作用而引起的。一个风险减轻了,其他一系列风险也会随之减轻。在损失预防时,最好将项目的每一个具体风险因素都识别出来,采取不同手段、措施对这些因素进行隔离,从而把风险减轻到可接受的水平。

② 损失抑制。损失抑制是指在风险发生时或风险发生后,采取措施减少损失发生范围或损失程度的行为。损失抑制措施大体上分两类:一是事前措施,即在损失发生前为减少损失程度所采取的一系列措施;二是事后措施,即在损失发生后为减少损失程度所采取的一系列措施。在损失发生前所采取的损失抑制措施,有时也会减少损失发生的可能性,如在工程高空作业中,采取严格的措施保证工人按规程操作,既达到了损失抑制的效果,又起到了损失预防的效果。损失发生后的抑制措施主要集中在紧急情况的处理即急救措施、恢复计划或合法的保护上,以此来阻止损失范围的扩大。

5.1.4 风险自留措施

1.风险自留的含义

风险自留分为主动风险自留和被动风险自留两种。主动风险自留是指项目管理者在识别和衡量风险的基础上,对各种可能的风险处理方式进行比较,权衡利弊,从而决定将风险留在内部,即由项目班子自己承担风险损失的全部或部分。由于在风险管理规划阶段已对一些风险有了准备,因此当风险事件发生时可以马上执行应急计划。主动风险自留是一种有周密计划、有充分准备的风险处理方式。被动风险自留,是指项目管理者因为主观或客观原因,对于风险的存在性和严重性认识不足,没有对风险进行处理,由项目班子自己承担风险损失。一般在风险事件造成的损失数额不大,不影响项目大局时,项目班子会将损失列为项目的一项支出费用。现实生活中,被动风险自留大量存在,似乎不可避免。有时项目管理者虽然已经完全认识到了现存的风险,但由于低估了潜在损失的程度,从而产生了一种无计划的风险自留。例如,项目管理者意识到与项目关键技术人员流失有关的经济风险,但却不采取任何旨在处理这一风险的行动(顾镜清,1993)。

2.风险自留的具体措施

主动风险自留的具体措施有以下几种：① 将损失摊入经营成本；② 建立意外损失基金；③ 借款用以补偿风险损失；④ 自负额保险。风险自留也是处理残余风险的一种技术措施。有时项目班子对于某种风险不能预防、回避不得，并且无处可以转移、没有别的选择时，只能自留风险。例如，项目班子采取工程保险的方式把风险转移给了保险公司，但是保险合同常常有一些除外责任，因而实际上，保险公司只承担了部分潜在损失；另一部分潜在损失，如不能控制，或无法转移给别人，项目班子只能自己承担（董志勇，2012）。

5.2 工 程 保 险

5.2.1 工程保险概述

工程保险是承保人以所建工程为承保对象，当发生自然灾害或意外事件时，由保险公司对承保人的物质财产损失或第三方责任进行赔偿的保险。工程保险最主要的作用是当约定的保险事故发生后，保险人赔偿被保险人的经济损失。工程保险是国际工程风险转移的主要方法之一，它将不确定性风险转化为一个确定的费用。从法律角度看，工程保险也是一种法律关系，即一方以承担支付保险费的义务为代价换取另一方对可能发生的风险提供财务保障的权利的社会关系。

工程保险是财产保险的重要组成部分，是为满足工程建设风险转移的需要而设计的综合性保险。它对工程在建设过程中，因保险责任范围内的自然灾害和意外事故造成被保险人的各种物质或利益损失提供经济赔偿。

5.2.2 工程保险的主要构成要素

工程保险的内容主要包括以下几个部分。

（1）工程保险标的和保险金额

保险标的是构成保险关系的要素之一，是在保险合同中载明的保险对象，也是确定保险合同关系和保险责任的依据。一般而言，保险标的是可以进行客观计价的，而且存在可能发生保险事故而使被保险人蒙受经济损失的利害关系。保险标的性质不同，其保险利益和保险责任也不相同。

工程保险的保险标的具有范围广、多样性、结构复杂等特点，其主要包括物质形式和责任形式两类。物质形式保险标的的经济价值是可以计算的，如果按该经济价值投保，就被称为保险金额。

（2）保险责任和责任免除

保险责任是指针对保险合同中保险公司承担的风险，保险公司负责赔偿由这些风险造成的保险标的的损失。在工程保险中，若承保的是特定工程风险保险，则会采取列举式，即以将要承保的风险列举出来的方式约定保险责任；若承保的是工程一切险，则一般采用总括式，即不具体列明所承保的风险种类,只列明不承担的风险责任,保险人承保除此以外的一切风险。

与保险责任不同,有一些风险因素不符合风险可保性原则,不能由保险公司负责承担赔偿责任,因此在工程保险合同中应设有责任免除条款。责任免除一般分为以下几类:

① 事件免除,主要包括政治性风险、道德性风险、核风险、工程停工或部分停工期间的损失或引起的费用、必然性风险等;

② 损失免除,主要包括超出保险金额的损失、各种间接的损失和免赔额之内的损失等;

③ 财产或标的免除,主要指现金、票据等非物质性财产及领有公共运输牌照的公路用车辆、航空器、船舶造成的损失等;

④ 时间免除,主要指在规定时间内未提出索赔的免除以及超出保险期限所形成的免除;

⑤ 地域免除,主要指保险涵盖一定的地域范围,超出该范围的地域则不在保险责任的范围之内。

(3)附加保险和附加条款

在工程保险中,除标准的保险单外,可以利用附加保险和附加条款对保险责任和保险标的进行扩展或免除,以满足不同工程风险的承保需要。因此,工程保险的附加保险和附加条款主要有两种作用:第一,扩展标准工程保险没有涉及的标的和责任以及扩展标准保险单中的保险责任免除;第二,免除标准工程保险涉及的标的和责任。

工程保险附加条款,又称批单,是附加在标准保险单上的对标准保险单的记载事项和保险条款进行扩展、修改、免除、控制和保证的特别约定,具有依附性、补充性、格式性、优越性和多样性等特点。

(4)保险期限

保险期限是指保险责任开始至保险责任终止的保险合同有效期限。保险期限一方面是计算保险费的依据之一,另一方面又是保险人和被保险人双方履行权利和义务的责任期限,因此,它是保险合同的主要内容之一。

在国际工程中,通常会根据项目的计划工期,推算出一个固定的期限作为保单中的保险期限。例如,某项目 EPC 合同中规定了工程一切险的保险期限为项目开工之日起的 30 天后至竣工验收后的 12 个月,实际保单中的保险期限则按项目预计开工日期和工期计算出固定期限。有些保单中还补充约定,如因工期发生延误,延误 6 个月内保险公司免费承担责任,超过 6 个月,将按日按比例计费(张冀皖,2016)。

5.2.3 工程保险的可保风险与不可保风险

风险转移有保险性转移和非保险性转移两种。非保险性转移是指将某种特定的风险转移给专门机构或部门。保险性转移就是保险,是指建设工程业主、承包商或监理单位通过购买保险将本应由自己承担的工程风险转移给保险公司,从而使自己免受风险损失。而在国际工程项目中,工程保险就是保险性转移的重要方法。在实际运用工程保险的过程中,应分析国际工程中的可保风险和不可保风险。

1. 可保风险

(1)可保风险的含义

可保风险是指符合承保人承保条件的特定风险。尽管保险是人们处理风险的一种方式，它能为人们在遭受损失时提供经济补偿，但并不是所有破坏物质财富或威胁人身安全的风险，保险人都承保。

(2)可保风险的特征

可保风险主要有以下特征：

① 潜在损失程度较高。

可保风险要求潜在损失程度较高。潜在损失程度较低的风险事件一旦发生，其后果完全在人们的承受限度以内，因此，应付这类风险无须采用保险。但那些潜在损失程度较高的风险事件，一旦发生，就会给人们造成极大的损失。对此类风险事件，保险便成为一种有效的风险管理手段。

② 损失发生的概率较小。

可保风险还要求损失发生的概率较小。这是因为损失发生的概率较大时，意味着纯保费相应很高，加上附加保费，总保费与潜在损失额将相差无几。显然，这样高的保费使投保人无法承受，而保险也失去了转移风险的意义。

③ 损失具有确定的概率分布。

损失具有确定的概率分布是进行保费计算的首要前提。计算保费时，保险人对客观存在的损失分布要能做出正确的判断。保险人在经营中采用的风险事故发生率只是真实概率的一个近似估计，是靠经验数据统计计算得出的。因此，正确选取经验数据对于确定保费至关重要。

④ 存在大量具有同质风险的保险标的。

保险的职能在于转移风险、分摊损失和提供经济补偿。所以，任何一种保险险种，必然要求存在大量保险标的。这样，一方面可积累足够的保险基金，使受险单位能获得充足的保障；另一方面根据"大数法则"，可使风险发生次数及损失值在预期值周围有一个较小的波动范围。换句话说，大量的同质保险标的会保证风险发生的次数及损失值以较高的概率集中在一个较小的波动幅度内。显然，距预测值的偏差越小，就越有利于保险公司的稳定经营。这里所指的"大量"，并无绝对的数值规定，它随险种的不同而不同。一般的法则是：损失概率分布的方差越大，就要求有越多的保险标的。保险人为了保证自身经营的安全性，还常采用再保险方式，在保险人之间分散风险。这样，集中起来的巨额风险在全国甚至国际范围内得以分散，被保险人受到的保障度和保险人经营的安全性都得到提高。

⑤ 损失的发生必须是意外的和非故意的。

损失的发生必须是意外的和非故意的。所谓"意外"，是指风险的发生超出了投保人的控制可保风险范围，且与投保人的任何行为无关。如果由于投保人的故意行为而造成的损失也能获得赔偿，将会引起道德风险因素的大量增加，违背了保险的初衷。此外，要求损失发生具有偶然性（或称为随机性）也是"大数法则"得以应用的前提。

⑥ 损失是可以确定和测量的。

损失是可以确定和测量的,是指损失发生的原因、时间、地点都可被确定以及损失金额也可以测定。因为在保险合同中,对保险责任、保险期限等都作了明确规定,只有在保险期限内发生的、保险责任范围内的损失,保险人才负责赔偿,且赔偿额以实际损失金额为限,所以,损失的确定性和可测性尤为重要。

⑦ 损失不能同时发生。

损失不能同时发生,是要求损失值的方差不能太大。如战争、地震、洪水等巨灾风险,其发生的概率极小,由此计算的期望损失值与风险一旦发生所造成的实际损失值将相差很大。而且,保险标的到时势必同时受损,保险分摊损失的职能也随之丧失。这类风险一般被列为不可保风险。

2. 不可保风险

不可保风险是指商业保险方式不予承保的风险。动态风险、投机风险等都是不可保风险。一般有两种因素使得风险成为不可保风险,它们是"逆向选择"和"道德风险"。可保风险与不可保风险间的区别并不是绝对的。例如地震、洪水这类巨灾风险,在保险技术落后和保险公司财力不足、再保险市场规模较小时,保险公司根本无法承保这类风险,它的潜在损失一旦发生,就可能给保险公司带来毁灭性的打击。但随着保险公司资本日渐雄厚,保险新技术不断出现,以及再保险市场的扩大,这类原本不可保的风险已被一些保险公司列在保险责任范围之内。

国际工程保险的承保条件个性非常强,不仅对所保险的工程、作业种类共同存在的危险要进行分析,而且对特定工程存在的特殊危险,也必须进行判定、分析,以确定适当的承保条件。

5.2.4 国际工程项目投保的必要性

1. 国际工程项目的投保规定

从承保意愿的角度来说,可将国际工程保险分为两种:一种是强制性的,即承包合同或者当地法律规定要求项目当事人必须要办理的工程相关保险,但投保人可自主选择保险公司;另一种则是自愿性的,即项目当事人根据自己的自主意愿办理某种工程保险,其投保的保险险种、保险范围均由投保人与保险公司协商确定。

对于承包商来说,其在投标前应首先了解承包合同及当地法律对工程保险的相关规定。在通常情况下,承包合同中对保险办理的规定是当地法律对工程保险规定的具体体现和必要补充,二者之间的规定一般是一致的。但在某些地区,其法律可能会对工程保险有一些特别的规定,尤其是在雇佣当地施工劳务人员时,一些地区可能会规定必须要办理某种保险,或者会指定到某个机构办理保险等,这都需要工程承包企业事先了解清楚。

在国际工程项目合同条款中,一般都会对承包商需要办理的保险做出明确规定。保险业务的范围可以是整个工程,也可以是施工材料、机械、承包商对所雇用人员要承担的雇主责任险以及第三方责任等。通常情况下,承包商办理的保险须涵盖建设单位应承担风险之外所发生风险可能造成的全部损失。

对于保险的具体额度,不同的保险类型会有不同的规定。如对于工程一切险和施工机具险,其保险的最低额度应能够包括工程的全部重置成本以及拆除、清理费用,在某些情况下还包括一定的利润;对于承包商对所雇用人员应承担的雇主责任险以及第三方责任险,则一般要求其保险额度不能低于承包合同中规定的最低限额。如果施工合同属于 EPC 合同,在特殊情况下,业主还可能要求承包商为所承包工程重要的设计文件以及施工文件办理相应保险。

对于某些保险险种,为了便于操作,通常会要求承包商以业主和承包商的名义联合投保,而在有些情况下会规定将分包商或业主的工程师也作为被保险人(张冀皖,2016)。

2.国际工程项目风险的投保需要

对于是否有必要进行投保,除了要遵循工程所在国法律法规及合同的强制性规定外,还要依赖于对工程项目风险因素进行分析、评估的结果。因此,在研究对某一个工程是否要进行投保之前,首先要对工程项目所面临的风险因素进行全面、仔细的分析。

由于风险的客观存在,对于一个项目管理者来说,无论从宏观还是从微观上进行风险管理都是非常重要的。在现实中许多例子都证明风险管理直接关系到企业的经济效益,甚至关系到企业的生死存亡。正是由于工程项目风险管理的重要性,因此对建设项目的风险进行系统的分析,同时对风险进行适当的控制与处理就是必不可少的了。保险的目的在于将工程风险转移给承保人,因此,在投保之前需要首先对工程实施期间可能遇到的风险进行评估。

为制订保险计划需要进行风险评估的内容包括工程本身、临时建筑物或构筑物、施工机具及设备、工程附近的财产及人员等。业主或承包商需要对这些损失发生的可能性、发生损失后的修复费用及其他额外费用进行评估,评估结果将成为确定保险标的、保险金额、免赔额以及附加条款的主要依据。

另外,由于投保要支付必要的保费支出,而这些支出都是构成工程的成本,投保的项目越多,增加的工程成本也会越多,因此工程保险方案将直接影响工程收益。除强制保险的项目外,往往只有在项目风险发生概率大,造成的损失严重,而且风险产生的后果给项目造成的损失会远大于保费时,可保风险才值得投保。因此,在投保之前,工程承包商需要对工程可能遭受的风险及其危害程度进行分析,从而与保费支出进行比较,进而判断投保与否及保费支出多少。

在国际工程承包实践中,承包商或业主通常自愿投保的保险有:施工机械险、货物运输险、汇率险等。

5.3 国际工程保险的内涵与外延

5.3.1 国际工程保险的主要险种

广义的工程保险包括与工程建设风险管理密切相关的各种保险。如建筑工程保险、安装工程保险、施工设备保险、运输工具保险、设计者责任保险、监理责任保险、雇主责任保险、货物运输保险等。

狭义的工程保险是指工程建筑物本身的保险,以及依附在其之上的各种财产保险的总称。具体地讲,它包括建筑工程保险、安装工程保险两大主要险种。建筑工程保险是以在建的建筑物为标的的保险,安装工程保险是以各种机器设备安装工程项目为标的的保险。另外,还有依附于两大险种之上的各种附加险种、附加批单或附加条款,如第三方责任保险、交叉责任扩展保险、现场清理费保险、有限责任保证期扩展保险、机器设备损坏保险等。

在国际工程项目中,我国的工程承包商办理的险种通常有:建筑工程一切险、雇主责任险和人身意外伤害险、机动车辆险、第三方责任险、施工机具险等,以及一些特定险种,如中国出口信用保险公司短期出口信用特险(张水波,1999)。

(1)建筑工程一切险

建筑工程一切险,是一种对国际工程项目提供全面保障的险种。该保险涵盖的范围既可以是工程本身,施工过程中所用的机械、材料以及建筑设备等所遭受的财产损失,也可以是项目施工给工程以外的第三方造成人身或财产损失(不同于第三方责任险,该保险属于建筑工程一切险的附加险)。被保险人则可以是业主、承包商、分包商、监理公司以及提供贷款的银行等。

建筑工程一切险适用于国际工程,特别是大型工程。其针对的风险包括自然灾害、意外事故以及人为过失等,但不包括战争、内乱等应由业主承担的风险。该保险的保险期一般从工程开工或首批保险内容包含的投保设备运至施工现场之日起开始生效,一直到工程竣工验收合格或保单中约定的结束日期为止。

(2)雇主责任险

雇主责任险,是雇主为其从事该合同工作的所有雇员办理的保险。当获得保险的雇员在工作期间由于遭受意外事故导致伤亡或患有与工作有关的职业病时,可以根据该保险获得医疗费用、伤亡赔偿、工伤休假期间工资、康复费用以及必要的诉讼费用。但对于自然灾害造成的伤亡或职业病以外的医疗费用,则不在该保险的承保范围之内。

(3)人身意外伤害险

人身意外伤害险与雇主责任险的保险标的类似,其保障的都是被保险人由于遭到意外伤害而造成伤残、死亡、医疗费用支出、暂时丧失劳动能力等所需要的赔付等,但二者之间也有一定的区别:首先,雇主责任险的投保人是雇主,保费也由雇主承担,而人身意外伤害险可以由雇主投保,也可以由雇员本人投保;其次,二者的保险类型不同,雇主责任险属于财产保险中的责任保险,人身意外伤害险则属于人身保险中的伤害保险;三是雇主责任险保障的被保险人所受到的伤害必须是由该工程相关的工作造成的,而人身意外伤害险则可针对所有情况受到的伤害;四是雇主责任险的保障范围包括由于职业病造成的伤害,而人身意外伤害只针对意外伤害,不包括职业病所造成的伤害。

（4）机动车辆险

机动车辆险,是对工程使用的机动车辆进行投保,当自然灾害或意外事故造成投保车辆损害时,由保险公司进行赔偿的一种财产保险。

（5）第三方责任险

第三方责任险是指在保险期限内,因工程意外事故导致施工场地内或附近第三方人身伤亡或财产损失时,对于依法应由被保险人承担责任的损失,可由保险公司负责赔偿。在一些国家,该险种通常会包含在综合责任险(如建筑、安装工程一切险)中。一般情况下,合同中会要求承包商作为投保人,并以业主和承包商的联合名义进行投保。该险种的保险费率为工期一次性费率,通常为保险金额的 0.2%～0.3%。

（6）施工机具险

施工机具险是指被保险人为工程施工所使用的机械、设备、器具及工具投保,对于在保险期间因意外事故造成的损失,由保险公司负责赔偿。施工机具险的保险期限通常为一年,如果有需要可续保。其费率一般为年度费率,保险期限短于一年的,可使用短期费率。保险费率一般为保险金额的 0.4%左右。

（7）中国出口信用保险公司短期出口信用特险

中国出口信用保险公司短期出口信用特险是中国出口信用保险公司的一种短期出口信用保险,出口信用保险是指信用机构对企业投保的出口货物、服务、技术和资本的出口应收账款提供安全保障机制。它以出口贸易中的国外买方信用为保险标的,保险人承保国内出口商在经营出口业务中因进口商方面的商业风险或进口国方面的政治风险而遭受的损失。短期出口信用保险是指贸易合同中规定的放账期不超过 180 天的出口信用保险。

5.3.2 工程保险在国际工程项目中的运用

国际工程项目所面临的环境比国内项目更为复杂,因此其遭受各种风险的可能性更大,保险在国际工程项目中应用得也更为广泛。一般来说,对于一个国际工程项目而言,只有其风险属于可保类型时,才可通过保险来应对。但即使是可保风险,也不一定全都采用保险方式来应对,还可以综合考虑风险的损失程度及发生可能性的大小等因素采取自留、减轻、规避等风险应对策略。在工程实践中,国际工程企业就是否采用保险、采用哪种类型的风险、由谁投保来应对风险更为合理等问题进行了不断探索,并形成了一些通常做法。以国际上最常采用的FIDIC合同条件为例,表 5-1 列出了国际工程常见的风险及可利用保险进行应对的情况。

表 5-1　　　　　　　　　　　　　　国际工程常见风险类型及保险应对情况

风险类型		投保主体		
		业主	工程师	承包商
工程或设备的主要损失或破坏	战争、暴乱、骚乱等			
	核装置、压力波和爆炸			
	不可预见的自然力	建筑工程一切险		
	运输中的损失或损坏			运输险
	不合格的工艺或材料			建筑工程一切险
	工程师的粗心设计		职业责任险	
	其他原因			建筑工程一切险
承包商或分包商的人身伤害	承包商的疏忽			承包商的除外责任
	业主的疏忽	业主的第三方责任险		
	工程师的职业疏忽		职业责任险	
	工程师的其他疏忽		工程师的第三方责任险	
第三方损失	执行合同中无法避免的结果	业主的第三方责任险		
	业主的疏忽	业主的第三方责任险		
	承包商的疏忽			承包商的第三方责任险
	工程师的职业疏忽		职业责任险	
	工程师的其他疏忽		工程师的第三方责任险	

5.3.3　国际工程保险方案策划

国际市场目前已经成为我国建筑业发展的一部分,许多国家和地区都有我国承包企业的身影。然而,部分地区经济不够发达,一些国家长期内乱、政局不稳定,再加上种族、文化及宗教信仰方面存在较大的差异,以及特殊的地理、自然环境等诸多因素决定了国际工程具有较复杂的风险(图 5-1)。

因此,对每一个中国承包企业而言,必须要全面地辨识、分析这些风险,有针对性地建立起科学的风险管理机制,为风险应对措施的制定提供有效的依据。而实施国际工程保险,就是一种有效的风险应对方法,可以减少或避免在承揽国际工程时遭受不必要的损失。

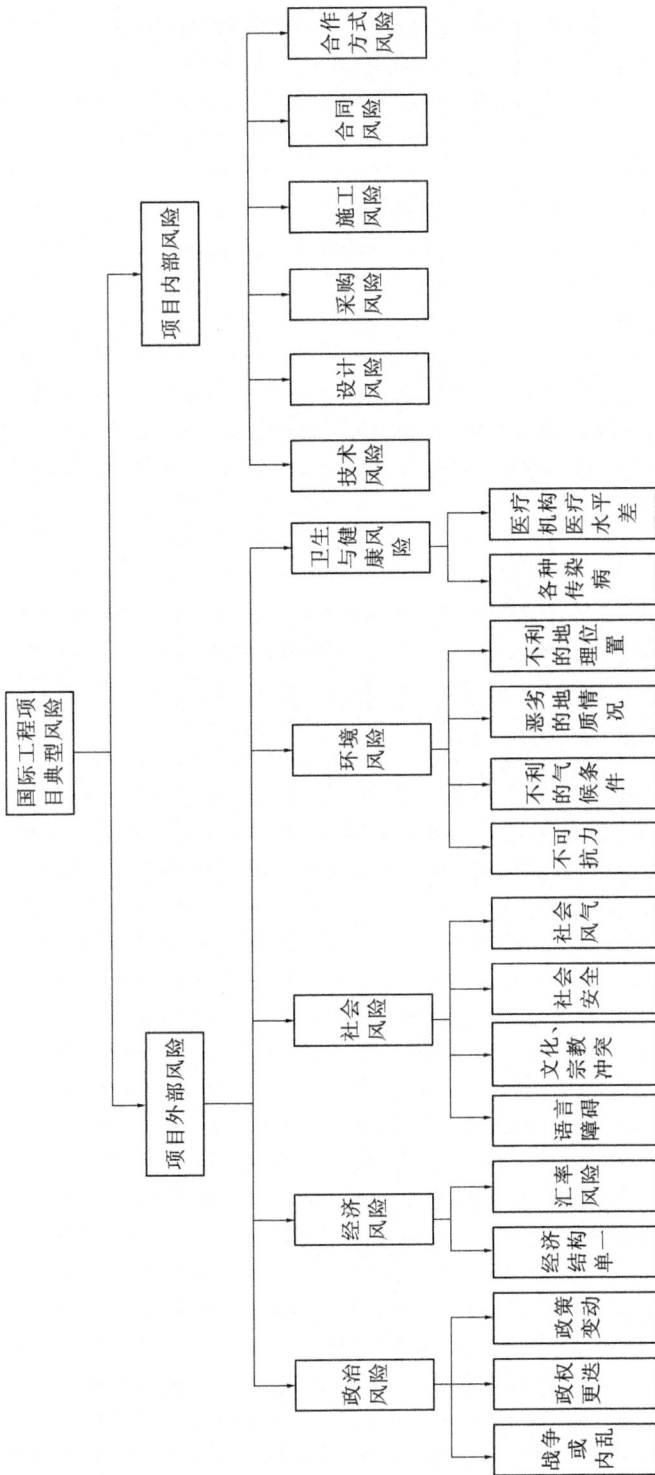

图 5-1 国际工程项目典型风险类型

1. 国际工程保险方案策划要点

基于国际工程的特性,需要对保险方案进行策划。工程保险策划的思路为通过风险识别、分析和评价从而确定风险及投保哪些险种覆盖风险,具体策划要点如下:

① 以利用现有险种为前提。本章研究的保险策划的优势在于:不需要改变原险种;遵循当前保险精算得出的费率;只是通过各险种的合理组合,进行保险方案设计。

② 以风险评价为依据。要详细分析哪些风险需要转移,哪些风险需要自留,从而将风险评价结果和保险方案策划有机结合。

③ 以风险覆盖为条件。在设计保险方案时,首先需要了解保险标的可能面临的所有风险,通过保险方案覆盖风险,控制超覆盖,避免少覆盖,以实现保险的保障功能。同时,保险人可根据被保险人的不同要求,进行有针对性的风险覆盖设计。

④ 以最优覆盖为目标。最优的风险覆盖,指的是以风险评价结果作为保险方案设计的基础,根据风险和险种、险种和险种间的关系,建立有针对性的保险方案。最优性体现在,被保险人可保风险完全覆盖的基础上,实现保费最少的目标。

⑤ 以定量结果为追求。随着各种风险模型的建立,"用数据说话"成为一种较为精准的衡量结果的方式。定量法比定性法在结果处理方面拥有更明确的表述,不会出现由于个人差异导致对结果认识出现偏差的情况,因此,保险方案设计适宜采用定量法(石兴,2006)。

在符合上述策划要点的同时,应根据项目风险类型和保险险种的联系,选取指标参数描述风险,借鉴综合指数法基本模式和风险评价指数(Risk Assessment Code,RAC)风险评价方法,并根据保险标的风险性质,从风险严重性、可能性两个方面对风险进行评估,计算项目的综合风险值及其遭受损失保险标的风险值,结合风险评价结果,运用德尔菲法计算各险种优先顺序,最终确定项目购买的保险。国际工程保险方案策划流程如图 5-2 所示。

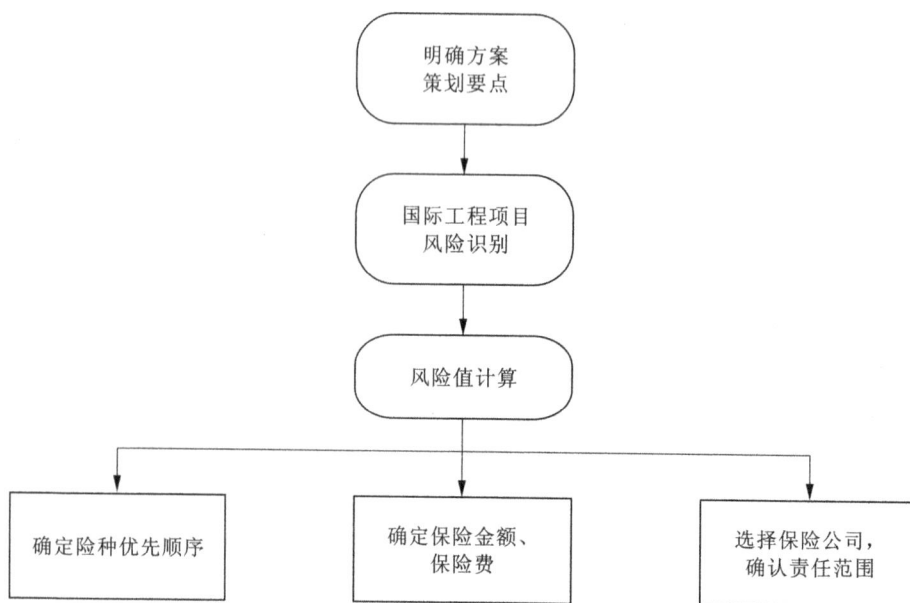

图 5-2　国际工程保险方案策划流程图

2. 国际工程项目风险值计算

在制定保险方案之前,首先要对被保险项目进行系统全面地风险识别、分析与评价,得到项目的整体风险值和单一风险值。采用 RAC 定性和综合指数法定量相结合的方法对被保险项目的风险进行评价(罗云,2004)。由于是对被保险风险进行评价,因此需要对综合指数法传统模型中经济效益指标参数进行修改,将风险性质选作指标。根据被保险项目内部各风险状态,通过事先选定的风险指标参数对风险进行定性判定,并且在此基础上采用定量的推算方法,最终得到相对准确的项目所面临的各种风险数值,为保险最优覆盖提供风险评价基础。

(1)被保险项目风险计算模型应用

国际工程项目风险种类众多,在风险评价阶段,既应该求取每类风险值,又应该对工程项目整体的风险值进行表述。本章参考综合指数法的基本模式对被保险项目风险进行计算,并借助 RAC 风险评价矩阵模式,采用划分等级的形式对所选择的指标参数进行描述。

在风险指标参数评分区间的选择问题上,本书充分结合了保障精算和综合指数法数值的特点进行赋值,综合风险数值越大表明危险性越高;同时将严重性和可能性都处于平衡水平的情况设定在零值附近,因此当计算出的综合风险值为负值时,在进一步分析的基础上可采用风险自留方法,优化了被保险人风险管理方案。因此,将综合指数法与 RAC 风险评价方法相结合,既能够较为直观地体现风险大小,又能得到被保险人正常经营情况下的风险值。

在对国际工程项目进行风险评价的过程中,依次对该项目的可保风险严重性、可能性进行评价,最后进行综合评价,各风险指标的评价标准见表 5-2 和表 5-3。

表 5-2   **国际工程项目风险严重性评价表**

风险等级	名称	评分区间	描述
Ⅰ	最大可能损失	8～12	损失完全不可接受
Ⅱ	严重损失	3～8	损失较难接受
Ⅲ	可能最大损失	−3～3	损失一定程度可接受
Ⅳ	可忽略损失	−6～−3	损失完全可接受

表 5-3   **国际工程项目风险可能性评价表**

风险等级	名称	评分区间	描述
Ⅰ	频繁	6～8	可能经常发生
Ⅱ	很可能	3～6	在寿命周期内会出现若干次
Ⅲ	偶然的	−2～3	在寿命周期内有时可能发生
Ⅳ	可能性极少	−5～−2	在寿命周期内不易发生,但有可能发生
Ⅴ	不可能	−7～−5	不易发生,以至于可以认为不会发生

因此,在为国际工程项目进行保险方案策划前应根据以上两个表格的评判标准对项目的各种风险进行综合评价,不仅能够得到各种风险值,还能够得到各风险所占的整体风险比重,以便有针对性地进行保险最优覆盖。

(2) 被保险项目风险计算公式

本章所评价的风险是按照近因原则筛选出的风险,有针对性地将风险范围进行了限定,避免了风险评价中发生重复。在综合指数法中,n 为评价对象的个数,p 为指标个数。x_{ij} 为第 i 个对象第 j 项指标值,n_j^+ 为第 j 项指标取非负值的对象个数,n_j^- 为第 j 项指标取负值的对象个数。首先求得 x_j 的正负均值,见下述公式。

$$\begin{cases} \overline{x_j^+} = \dfrac{1}{n_j^+} \sum_{x_{ij} \geqslant 0} x_{ij} \\ \overline{x_j^-} = \dfrac{1}{n_j^-} \sum_{x_{ij} < 0} x_{ij} \end{cases} \quad (j = 1, 2, \cdots, p) \tag{5-1}$$

根据下式将 x_{ij} 无量纲化,得到 x_{ij} 的折算系数:

$$\begin{cases} k_{ij} = \dfrac{x_{ij}}{\overline{x_j^+}} \times 100, x_{ij} > 0 \\ k_{ij} = \dfrac{x_{ij}}{\overline{x_j^-}} \times 100, x_{ij} < 0 \end{cases} \tag{5-2}$$

之后对各项指标的折算系数取平均值,得到综合指数 k_i

$$k_i = \frac{1}{p} \sum_{j=1}^{p} k_{ij} \quad (i = 1, 2, \cdots, n) \tag{5-3}$$

根据综合指数法的思路,最后将被保险项目可能面临的各种风险列出,通过两种指标参数进行风险综合指数的计算。利用综合指数法求取被保险项目风险值,不仅可以灵活选择风险的投保组合,还可将有限的人力、物力、财力分配给综合指数较大的风险,使得保险主、客体保持相对稳定的状态,同时它还能为被保险项目提供一个相对定量化的风险数值,为后续有针对性地选择承保险种做好铺垫(张冀皖,2016)。

3. 国际工程项目险种优先顺序

可以采用德尔菲法,进行险种优先度的调查。很多管理人员有丰富的国际工程风险管理和投保经验,因此向这些专家寻求意见来评价项目险种的优先度更为合理。尽管传统的问卷调查法可用来收集专家的意见,但是德尔菲法被证明是在排列优先问题方面更为合适的方法。

多轮的德尔菲调查很难保持回收率,尽管德尔菲法起初包括四轮调查,但是近年来在一些研究中已经被调整和精炼到两轮至三轮调查。本书推荐采用两轮德尔菲调查。在两轮德尔菲调查中,所有参与者之间保持匿名,除了研究人员(柯群,1982)。先根据风险值得出的保险险种设计第一轮问卷。在收集第一轮问卷后,对数据进行处理,并将分析结果发给所有参与者。参与者在审查第一轮德尔菲调查的结果基础上,在第二轮德尔菲调查中重新评估自己先前的打分并给出第二轮最后得分。

肯德尔和谐系数(W)一般用于度量一致性高低。变异系数可以表明多位专家对单个指标的协调程度,而 W 系数可以表明多位专家对全部 m 个指标的协调程度。协调系数反映全部专家对全部条目评价的离散程度,其值在 $0\sim1$ 之间,W 越大则协调程度越好,一般在 0.5 的范围内波动(庞强,2008)。

4. 保险金额及保险费的确定

在国际工程保险方案的策划中,保险金额和保险费的确定非常关键。

(1)保险金额的确定

保险金额的确定依赖于投保人的选择,因此,在投保之前,投保人应在科学评估风险的基础上,综合考虑所面临的风险和承受风险的能力,合理确定保险金额。要获得充分的保险保障,就必须在签订保险合同时列明保险标的具体的投保金额。

(2)保险费的计算

在确定了保险费率后,保险公司将按承保工程、财产和附加保险金额或赔偿限额,分别计算保险费。一般计收保险费公式为:

$$保险费 = 保险金额或赔偿限额 \times 保险费率$$

由于工程保险中各项保险项目种类不相同,其保费的计算也不一样,一般按以下规定进行:

① 按整个工期计算保险费。工程保险以工程建设期为保险期计算保险费,适用于这种保费计算方法的有:建筑工程险、安装工程险、第三方责任险以及承保风险责任期与工程期较一致的各种附加险。

② 按年计算保险费。按年计算保险费适用于施工设备及工地现成的建筑物。由于它们的价值不在工程合同中,本应按照一般的火灾保险或财产保险单独签订保险单,但为了简化手续,可以在总工程保险单中一并承保。按年计收保险费公式:

$$保险费 = \frac{保险金额 \times 保险费率 \times 保险天数}{365}$$

③ 分期交付保险费。工程的建设是逐步进行的,且工期不固定,所以保险费可采用分期交付的方式,但需要在保险单上注明分期交付保险费的协议书、交付次数、每次交付时间、每次所交保险金额、结算方式等。

④ 保险费的调整。它与工程保险金额的调整密切相关。工程保险金额一般是按工程或承包合同价格作为保险金额。在保险期限内,由于工程造价变动会导致合同价格与保险金额不一致,为确保双方权利与义务相等,保险金额应调整到与工程实际建造总价一致,对于调整后的保险金额与调整前的保险费,应遵循多退少补的原则。计费公式为:

$$退还保险费 = 总保险费 - [(保险金额 - 工程造价) \times 保险费率]$$
$$补收保险费 = (工程造价 - 保险金额) \times 保险费率$$

5. 保险公司的选择

在做出投保决定之后,下一步需要做的工作是选择可靠的保险公司。对于国际工程来说,承包商面临的风险比国内工程更广,风险系数更高,因此保险公司的承保能力、业务水平、赔付能力等因素就显得尤为重要。不同地区的保险市场,其特点也不同,如表 5-4 所示。

表 5-4
国际工程保险市场比较分析

地域	保险市场特点
国外欠发达地区市场	(1) 市场容量较小,差异性较大,承保能力有限; (2) 熟悉当地情况,投保操作比较方便; (3) 费率较低; (4) 赔偿没有保障,重收保费,轻理赔
中国市场	(1) 市场容量中等,承保能力基本能够满足常规项目; (2) 保费价格具有非常大的竞争性; (3) 投保公司的情况易于了解; (4) 没有语言、文化间的障碍,易于沟通、谈判
国外发达地区市场	(1) 市场容量大,承保能力强; (2) 业务熟练,经验丰富,风险管控能力强; (3) 保费定价能力比较强,费率较高; (4) 信誉好,赔偿有保障

从文化认同的角度来说,我国建筑公司更愿意与国内的保险公司合作,其在保险方案灵活性以及理赔的便利性方面有很强的优势,但由于国内大多数保险公司的服务网络还无法覆盖到国际上,在理赔处理方面存在很大的困难,因此大多数国际项目不得不选择当地的保险公司。

投保的保险类别确定以后,接下来就是要选择恰当、合适的保险公司进行投保。在选择保险公司时,不能一味追求较低的保费报价,应全面了解保险公司,在客观地分析各家保险公司的承保能力、赔付能力、服务质量、信誉等指标的基础上,最后做出妥善的决策。

不同的保险公司,由于其资本金额、保险安排能力,及自身对工程风险评估能力的限制,承保能力会有很大的差异。当前的保险市场竞争日益激烈,因此投保人有很大的选择空间,可以充分利用有利形势,以尽可能低的成本选择更为可靠的保险公司。在国际工程领域,保险公司的选择主要有公开竞争招标和直接谈判两种方式(张冀皖,2016)。

5.3.4 国际工程保险的办理程序

1. 办理国际工程保险的一般程序

办理国际工程保险的一般程序为:投保人(承包商)向保险人(保险公司)提出投保申请;投保人和保险人共同协商保险合同中的保险条款;投保人按照合同和规定的费率向保险公司交纳保险费;投保人取得保单和保费发票,向业主提供保单副本并接受业主的审查、批准;根据施工地点、人员或设备的变动情况,及时向保险人提出变更要求。

以中国葛洲坝集团国际工程有限公司为例,办理国际工程保险的流程如图 5-3 所示。

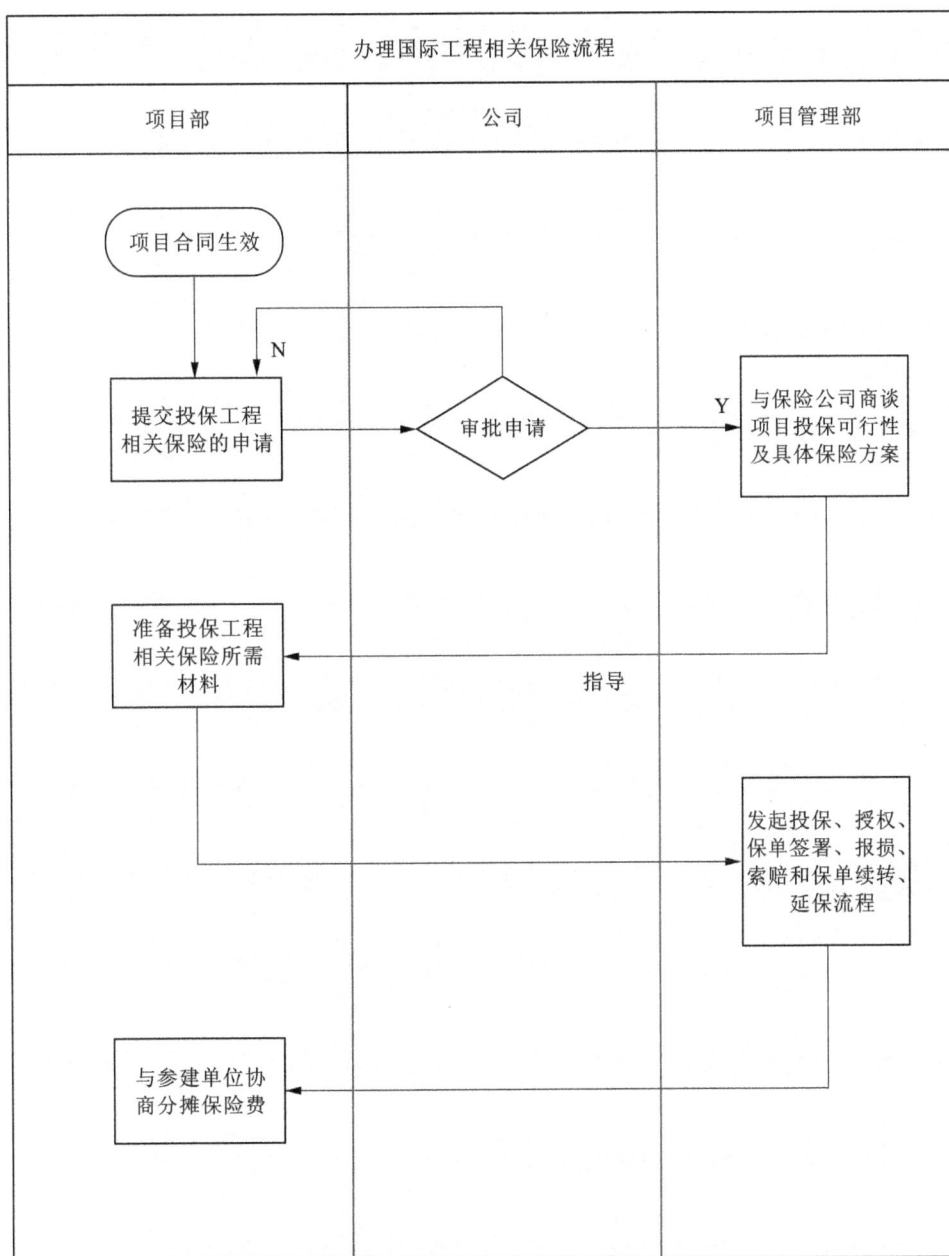

图 5-3 办理国际工程保险的流程

（2）办理中国出口信用保险公司短期出口信用特险的程序

办理中国出口信用保险公司短期出口信用特险的程序：项目合同生效后，项目部应尽快向公司提交投保中国出口信用保险公司短期出口信用特险的申请；公司项目管理部根据公司批复的投保申请，与中国出口信用保险公司商谈项目投保可行性及具体保险方案；公司项目管理部指导符合投保条件的项目部准备投保短期出口信用保险所需材料，清单见表 5-5，由项目管理部执行（包括但不限于商务合同、项目概况、工程款支付条件、成本投入与收汇预测表、预付款及质保金保函和投保单等);公司项目管理部依据项目部投保申请和中国出口信用保险公司保险方案,按照公司流程发起投保、授权、保单签署、报损、索赔和保单续转、延保等流程(出口买方信贷保险询保单见表5-6);项目部与参建单位协商分摊保险费。

表5-5   **提交投保申请资料清单**

资料名称 负责部门	商务合同	项目概况	工程款支付条件	成本投入与收汇预测表	预付款保函扫描或复印件	质保金扫描或复印件	询保单
项目管理部							

表5-6   **出口买方信贷保险询保单**

中国出口信用保险公司

出口买方信贷保险询保单
贷款银行作为申请人

致:中国出口信用保险公司

申请保险种类 □只保出运后风险(出口商提供有关商务合同的情况) □出运前风险并出运后风险(出口商应同时提供履约承诺)	编号: _____ 要求承保的风险: □政治和商业风险 □只保政治风险 □只保商业风险

1.申请人	银行名称:
	注册地:
	Swift代码:
	联系人: 联系电话:
	通信地址:
2.出口商	企业名称:
	联系人: 联系电话:
	通信地址:

续表

3.借款人	名称(中/英文):		
	通信地址(中/英文):		国别:
	联系电话:		传真:
4.贷款金额	a.贷款金额 b.利息率		c.融资费用 1)管理费: % 2)承担费: %
5.信贷期限	最长提款期 月 宽限期 月 最长还款期 月		
6.提款程序 注:提款直接支付到出口商账户。	提款主要文件: 首次提款的前提条件: 1. 2. 每次提款的前提条件: 1. 2. 3.		
7.贷款偿还 注:贷款偿还不受商务合同纠纷的影响。	还款批次: 次;还款期间: 月/次; 第一次还款日: 年 月 日;		
	付息日: 在还款期付息日是否合并:□是 □否		
8.还款保证			
9.付款地			
10.预计信贷协议签署日			
11.商务合同融资比例			
12.借款人/担保人资信报告 注:资信报告必须由独立可靠的资信机构出具,且信息更新期间不长于6个月。	资信报告是否已经提交:□是 □尚未提交 □将要提供		
	资信机构名称: 联系人: 联系方式:		

续表

13. 项目情况说明 （包括项目可研报告）	
14. 贷款银行是否与借款人存在关联关系（直接或间接）	□否
	□是，关联关系内容：
15. 过去三年担保人发生的违约记录	

16. 申请人是否存在对担保人的过期债权　　□否　　□是，债权内容如下

金额，币种	到期日	信保公司保单号

17. 需要特殊说明的内容

我们知道，中国出口信用保险公司所做的任何表示，将以本询保单所述之情况为依据，合同内容的任何改变都可能意味着中国出口信用保险提出的费率和其他条件将无效或不适用。

中国出口信用保险公司依据本询保单所做的任何表示，只是为协助我们决定是否继续进行合同，而并非中国出口信用保险将给予保险的承诺。

签字人：　　　　　　　　　　　　　　　申请单位盖章：

职务：

日　期：　　　年　月　日

5.4 国际工程投保实例

5.4.1 工程项目概况

1.项目简介

某铁路工程所在路线属于尼日利亚东部铁路主干线,主要连接尼日利亚第二大港口至内陆地区工业重镇,是尼日利亚非常重要的交通纽带。该工程主要包括马库尔迪到卡凡钱274km铁路修复、卡凡钱到卡杜纳178km铁路修复、卡凡钱到库鲁66km铁路修复及库鲁到乔斯35km铁路修复。

该项目业主为尼日利亚铁路公司,项目工程师为英国工程师,签约合同额约为244亿奈拉,折合约1.6亿美元,合同工期为10个月,资金来源为尼日利亚联邦政府预算。该项目主要工作内容包括553km路基、轨枕、轨道的局部修复和改造施工,箱涵、桥梁、排水设施的修复或新建等。

2.项目所在国概况

尼日利亚位于西非东南部,处在非洲几内亚湾西岸的顶点,东接喀麦隆,西与贝宁搭界,北临尼日尔,东北与乍得隔湖相望,南临几内亚湾。尼日利亚资源丰富,特别是石油资源,石油业是该国的支柱产业。尼日利亚也是石油输出国组织成员国之一。

自1999年尼日利亚实行民选政府以来,几届政府推进民族和党派和解,政局基本保持稳定,社会发展总体平稳。经济上,尼日利亚保持了连续多年的高速增长,正迅速接近于中等收入国家水平,整体形势向好。但由于尼日利亚国内民族众多,全国有250多个民族,这些年来国内种族和宗教冲突日益激烈,恐怖爆炸事件时有发生,使尼日利亚面临的安全风险不断升高(张冀皖,2016)。

5.4.2 工程项目风险识别

工程承包企业在对当地详细考察和搜集相关资料的基础上,通过不确定性分析来识别风险,形成了风险项并提出了初步应对措施(识别的方法与过程本书不进行详细介绍),结果见表5-7和表5-8。

表 5-7   **工程项目主要外部风险及应对措施**

外部风险类别	风险描述	应对策略	具体措施
政治、社会风险	种族、宗教问题错综复杂，暴力冲突频繁	自留	项目参与各方必须提高对当地政治形势、社会事件的敏感度； 与中国驻尼大使馆、尼政府政要、警察局、当地酋长等建立良好的关系，以便及时获取政治、社会风险的有效信息； 避免去集会、人多的地方，宗教节日（如复活节、开斋节等），尽量不外出，避免不安全事件发生； 施工现场增加安保力量，定期组织现场人员进行应急演练，确保紧急状态下能妥善应对
	恐怖主义威胁性大	自留	
	持械犯罪猖獗，严重威胁社会安全	自留、转移	
	劳资关系、失业问题和贫富差距极易引发社会动荡	自留	
	贪污腐败根深蒂固	自留	
环境、卫生、健康风险	恶劣的施工环境	自留、转移	此类风险发生率高，对项目顺利实施有较大影响，鉴于此，项目部决定通过购买保险转移此类风险
	恶劣的气候条件	自留、转移	除了购买保险，项目参与各方应熟知当地的自然环境和气候、卫生医疗的情况；加强内部管理，在项目实施的过程中注意对此类风险的防范，做好预警工作和建立相应的应急机制
	较差的卫生状况	自留、转移	做好饮用水的安全工作、做好疾病的预防工作，从国内选择经验丰富的医务人员，一旦发病可以保证及时治疗

表 5-8   **工程项目主要内部风险及应对措施**

内部风险类别	风险描述	应对策略	具体措施
技术风险	业主提供资料不准确，工程标准、规范与国内不一致	自留、转移	本项目主要工作内容是路基、轨枕、轨道的局部修复和改造施工，箱涵、桥梁、排水设施的修复或新建等，由于项目整体技术难度不大，总承包商施工经验丰富，管理协调能力较强，且由分包商负责具体实施，所以本项目技术风险不高，且可以进行风险转移
经济风险	汇率风险	自留、转移	项目部通过创造与其币种相同、金额相近而方向相反的资金流来平衡收支，消除或减少汇兑风险，如支付物资采购、工程分包合同款，与工程款收入形成对称的资金流，这样就可以降低当地货币的时间风险和价值风险

内部风险类别	风险描述	应对策略	具体措施
设计、采购、施工风险	设计变更、设计质量风险，材料、施工机具采购风险，施工组织风险，安全风险	自留、转移	制定合理的工作流程；寻找合格的分包商；加强与工程师、业主沟通与交流；购买保险
合同风险	工期风险	自留、转移	加强合同管理，项目实施过程中注重工期索赔资料的收集与分析
合作方风险	业主信用风险分包风险	自留、转移	面对业主的信用风险，如拖欠工程款等，项目部主要有如下措施：稳步推进，根据业主的资金预算，完成对应的工程量；在项目实施过程中切忌冒进，应注意保持工程进度与业主付款相一致，从而避免因工程款拖欠造成损失；加强分包管理

5.4.3　工程项目风险值计算

工程承包企业首先对被保险项目可能出现的各种风险提出控制及转移意见，其次对需要进行保险转移的风险进行定量计算(孙来福，2004)。根据被保险项目的风险特性，选择自然灾害风险、意外事故风险、卫生健康风险作为重点考量对象。根据综合指数法和 RAC 风险评价法规则，首先对各种风险的严重性和可能性打分，其次通过公式 5-3 计算出各风险的综合指数，再根据被保险项目风险分布特点，建立风险可能造成的各保险标的损失情况表，为被保险项目进行整体风险管理提供规划建议，计算结果如表 5-9 所示。

表 5-9　　　　　　　　　　　尼日利亚铁路项目风险综合指数

序号	针对风险	风险值	保险标的	建议投保险种
1	自然灾害风险	125	物质损失项目	建筑工程一切险
			雇主承担的特定经济赔偿责任	雇主责任险
			被保险人的人身健康或寿命	人身意外伤害险
			工程使用的机动车辆	机动车辆险
			施工场地内或附近第三方	第三方责任险
			施工所使用的机械、设备、器具及工具	施工机具险

续表

序号	针对风险	风险值	保险标的	建议投保险种
2	意外事故风险	106	物质损失项目	建筑工程一切险
			工程使用的机动车辆	机动车辆险
			施工所使用的机械、设备、器具及工具	施工机具险
3	卫生健康风险	78	被保险人的人身健康或寿命	人身意外伤害险

5.4.4 工程项目险种优先顺序计算

工程承包企业利用两轮德尔菲法对风险值较高的险种进行排序。专家小组由12位具有国际工程经验的管理人员组成,分别来自建设单位、承包商和工程咨询公司,见表5-10。将风险值高的风险对应的险种设计成第一轮问卷,采用五级量表对险种的优先度进行打分:1代表非常重要;2代表重要;3代表不知道;4代表不重要;5代表非常不重要。回收第一轮问卷,并计算第一轮问卷的平均值、排序、中位数、四分位数间距,将分析结果反馈给专家小组并作必要的解释,同时进行第二轮德尔菲调查。

表 5-10   **德尔菲调查专家小组的组成**

序号	职位	工作单位	国际工程工作经验
1	合同经理	承包商	>5 年
2	施工经理	承包商	>5 年
3	专业工程师	承包商	3 年
4	合同工程师	工程咨询公司	4 年
5	项目经理助理	建设单位	4 年
6	安全经理	承包商	>5 年
7	合约工程师	承包商	3 年
8	合约工程师	工程咨询公司	>5 年
9	项目经理	承包商	>5 年
10	合同工程师	工程咨询公司	3 年
11	合约经理	承包商	>5 年
12	安全经理	建设单位	>5 年

通过运用 SPSS 软件分析和处理两轮德尔菲调查的专家打分数据,计算各项指标,如两轮调查的每个险种的平均值、险种的优先顺序,以及每个险种的两轮打分的边际同质性检验,得到的分析结果如表 5-11 所示,其中险种按照第二轮的优先度从高到低排序。肯德尔和谐系数从第一轮的 0.319 提高到第二轮的 0.534,表明经过两轮德尔菲调查,专家打分的内部一致性显著提高。边际同质性检验的结果显示两轮德尔菲调查的专家对每个险种的评价没有显著性差异。

德尔菲调查结果显示险种的优先程度从高到低依次为:工程一切险、第三方责任险、雇主责任险、人身意外伤害险、施工机具险。因此,对被保险项目进行保险安排时应按照险种优先次序进行设计。这种购买次序充分考虑了被保险项目风险以及各险种业务性质,非常具有针对性。同时,在资金不充足时可选择优先购买某些重要险种以起到最基本的风险转移作用。

表 5-11   尼日利亚铁路项目险种优先顺序

险种	第一轮		第二轮		边际同质性检验	
	平均值	排序	平均值	排序	Std. MH Statistic	Asymp. Sig (2-tailed)
1. 工程一切险	4.000	1	4.167	1	-0.577	0.564
2. 第三方责任险	3.581	3	4.083	2	-0.500	0.134
3. 雇主责任险	3.583	5	3.833	3	-0.728	0.467
4. 人身意外伤害险	3.083	2	3.667	4	-0.698	0.090
5. 施工机具险	3.417	4	3.500	5	-0.186	0.853
数量(n)	12		12			
自由度(d)	4		4			
肯德尔和谐系数(W)	0.319		0.534			
显著性水平(P)	0.011		0.000			

5.4.5   保险金额和赔偿限额的确定

根据上述项目的风险分析对保险的要求,承包企业项目部对保险金额进行了系统地分析与计算,得出各保险项的投保金额如下:工程一切险(含第三方责任险):21 170 295 779 奈拉;雇主责任险(劳工赔偿保险):301 440 000 奈拉;人身意外责任险:41 280 000 奈拉;施工机具险(机械设备、生产设备):965 171 040 奈拉。

5.4.6   保险公司的选择

根据保险公司不同选择方式的特点,再结合工程的具体实际情况,考虑到工期较短,该项目采用了"直接谈判"的方式选择保险公司。承包方可以通过当地政府人员、酋长以及其他中资公司的介绍获得保险公司相关信息(姜伟,2014)。

项目部对保险公司进行了详细地考察,主要从报价、赔付能力、服务质量、理赔效率等四项综合评价保险公司。

(1) 比价格

根据已经确定的各投保项的保险金额,项目部要求保险公司提供报价。通过前期保险询价及第一轮、第二轮投标报价后,项目部最终选择了以下三家保险公司进行最后一轮投标报价,各家报价情况如表 5-12 所示。由表 5-12 可以看出,在三家保险公司的报价中,A 公司最低,C 公司最高。

表 5-12 报价情况表

报价公司	险种	保险金额(奈拉)	费率(%)	保险费(奈拉)	排序
A 公司	工程一切险(含第三方责任险)	21 170 295 779	0.1	21 170 296	1
	雇主责任险(劳工赔偿保险)	301 440 000	1.5	4 521 600	
	施工机具险	965 171 040	0.3	2 895 513	
	合计			28 587 409	
B 公司	工程一切险(含第三方责任险)	21 170 295 779	0.12	25 404 355	2
	雇主责任险(劳工赔偿保险)	301 440 000	1.35	4 069 440	
	施工机具险	965 171 040	0.45	4 343 270	
	合计			33 817 065	
C 公司	工程一切险(含第三方责任险)	21 170 295 779	0.175	37 048 018	3
	雇主责任险(劳工赔偿保险)	301 440 000	1.5	4 521 600	
	施工机具险	965 171 040	0.35	3 378 099	
	合计			44 947 717	

(2) 比理赔效率

通过了解 A、B、C 公司与当地中资公司、外资公司以往的合作情况后得知,上述三家保险公司虽然信誉良好,但 A 公司处理理赔程序烦琐,效率较低,在证据资料收集齐全的情况下,28 天后才能完成理赔。B、C 两家公司能严格按照保单条款履行义务,理赔行动快,效率高。

（3）比赔付能力

根据调查，B公司的投资涉及石油、房地产等，并具有相当可观的资产，赔付能力最高。此外，B公司还有再保险公司为它来分担风险，而其他两家保险公司则不具备这些条件。显然，B公司在赔付能力方面更有优势。

（4）比服务

根据调查，B公司在保险索赔争议事件发生时，会有效地提出处理建议，充分帮助被保险人进行理赔并安排理赔人员提供专项服务，协助被保险人准备相关文件，并全程处理相关事宜。而C公司会根据被保险人的需求，定期对被保险人进行风险培训，以及制订风险管理计划和防损计划；定期回访，提出风险控制方面的建议；定期提醒被保险人更新进退场人员名单及机器设备清单等。就提供的服务而言，C公司提供的服务更全面、更好。

综上所述，通过对比发现，B公司的保费适中、理赔效率较高、赔付能力较强，因此项目部最终选择B公司作为该项目工程一切险、雇主责任险以及施工机具险的承保单位。

6 国际工程风险管理案例——以中国葛洲坝集团国际工程有限公司为例

中国葛洲坝集团国际工程有限公司(以下简称"葛洲坝国际公司")是中国能源建设集团有限公司旗下的上市公司——中国葛洲坝集团股份有限公司(以下简称"葛洲坝股份公司")的全资子公司。葛洲坝国际公司负责归口管理葛洲坝股份公司海外经营业务,肩负着引领统筹葛洲坝股份公司国际业务板块整体协同发展的使命。葛洲坝国际公司目前的国际业务范围覆盖水利、水电、火电、新能源、公路、铁路、机场、港口、市政、房建等众多领域,成功占领了国际工程承包、国际投资和国际贸易三大业务制高点,业务覆盖全球 142 个国家,设有 99 个海外分支机构,在建国际工程项目 100 多个。葛洲坝国际公司在 2016 年 *ENR*"全球最大 250 家国际承包商"中排名第 45 位,在 2017 年商务部公布的中国 4300 多家"走出去"企业中,国际签约额名列第 5 位,约占中国"走出去"企业海外签约总额的 7%。

葛洲坝国际公司在建好优质工程的同时,积极履行央企"走出去"社会责任,实现了与工程所在国的和谐共赢,历获"中国对外承包工程企业社会责任金奖""感动非洲十大中国企业""走进东盟十大成功企业"及中国对外承包工程商会和中国机电产品进出口商会"3A 最高信用企业""2017 年度中国新能源国际领跑者"等荣誉。

6.1 风险评估管理办法

6.1.1 葛洲坝国际公司风险管理职责分工

葛洲坝国际公司风险管理委员会主要履行以下风险管理职责:① 全面落实葛洲坝股份公司有关风险管理的精神和要求,培育企业风险管理文化;② 批准重大风险管理策略、重大风险管理解决方案;③ 批准重大决策、重大风险、重大事件和重要业务流程的判断标准或判断机制;④ 批准风险管理组织机构设置及其职责方案;⑤ 决定公司有关风险管理的重大事项。

葛洲坝国际公司风险控制部是公司风险评估管理工作的归口管理部门,其主要的风险评估管理职责:① 制定风险评估管理办法,完善风险评估管理制度;② 建立健全风险收集和报送机制,组织汇总分析公司各单位报送的风险信息;③ 组织公司所属各单位开展全面风险评估,编制公司年度全面风险管理报告;④ 指导公司所属各单位开展专项风险评估工作,负责组织编制专项风险评估报告;⑤ 审查重大风险和重要风险应对策略和解决方案,监督重大风险和重要风险应对方案的组织实施;⑥ 对公司各单位的风险评估管理工作进行检查和监督;⑦ 完成公司交办的其他风险评估管理工作。

葛洲坝国际公司其他各单位负责本单位业务范围内与风险评估管理有关的工作,其主要职责:① 建立符合本单位情况的风险评估机制;② 负责收集和报送本单位业务范围内的风险信息;③ 负责识别和评估本单位业务范围内的风险,根据评估结果对风险进行分级分类处置;④ 参与编制公司年度全面风险管理报告;⑤ 负责开展本单位业务范围内的专项风险评估,协助公司风险控制部编制专项风险评估报告;⑥ 完成公司交办的其他风险评估管理工作。

6.1.2 葛洲坝国际公司风险管理一般规定

葛洲坝国际公司规定:公司风险控制部应建立健全风险评估管理制度,确保风险收集、风险识别、风险评估、风险预警和风险处置有章可循、科学高效。公司风险控制部应建立健全风险事件报告机制,明确风险事件报告的范围、方式和流程。公司所属各单位应严格按照相关制度及时报告风险事件,确保风险报送信息的真实性、准确性和有效性。

发生或者可能发生重大违约、重大负面影响、降低资质或信用等级、限制市场准入、吊销营业执照、违法处罚等风险以及安全质量事故、舆情危机、群体性事件、自然灾害等可能造成重大损失或者不良影响的风险事件时,应当及时上报葛洲坝股份公司。

公司风险控制部应建立健全风险事件应急处置机制,明确风险事件处置的责任单位,制定管理措施。

公司所属各单位应当编制、完善并严格落实风险事件应急预案,加强风险事件应急预案演练。

公司将所属各单位的风险管理工作纳入经济责任制约束性指标考核。

6.2 风险管理流程

葛洲坝国际公司为规范公司及所属各单位的风险管理工作,结合公司实际制定了完善的风险管理流程,如图 6-1 所示。

6.2.1 葛洲坝国际公司风险管理一般流程

葛洲坝国际公司设有风险控制部,风险控制部负责组织公司各单位进行项目风险的管理,具体流程如下:
① 项目部提供相关资料,填写项目基本情况;
② 风险控制部与项目部对合同进行梳理,填写"项目合同主要内容及风险识别表"(表 6-1);
③ 风险控制部负责联系公司各单位进行风险识别与分析,填写"风险评估参与方一览表";
④ 公司各部门开展风险分析,依据"葛洲坝国际公司风险评价标准"(表 6-2)、"国际工程承包业务主要风险列表(外部风险)"(表 6-3)、"国际工程承包业务主要风险列表(内部风险)"

（表 6-4）分析风险的成因、发生可能性、影响程度等；

⑤ 根据风险分析结果,提出风险应对策略和解决方案,编写主要风险及风险解决方案的分析报告；

⑥ 风险控制部根据风险分析报告中的风险应对策略和解决方案,督促跟踪相关单位落实执行。

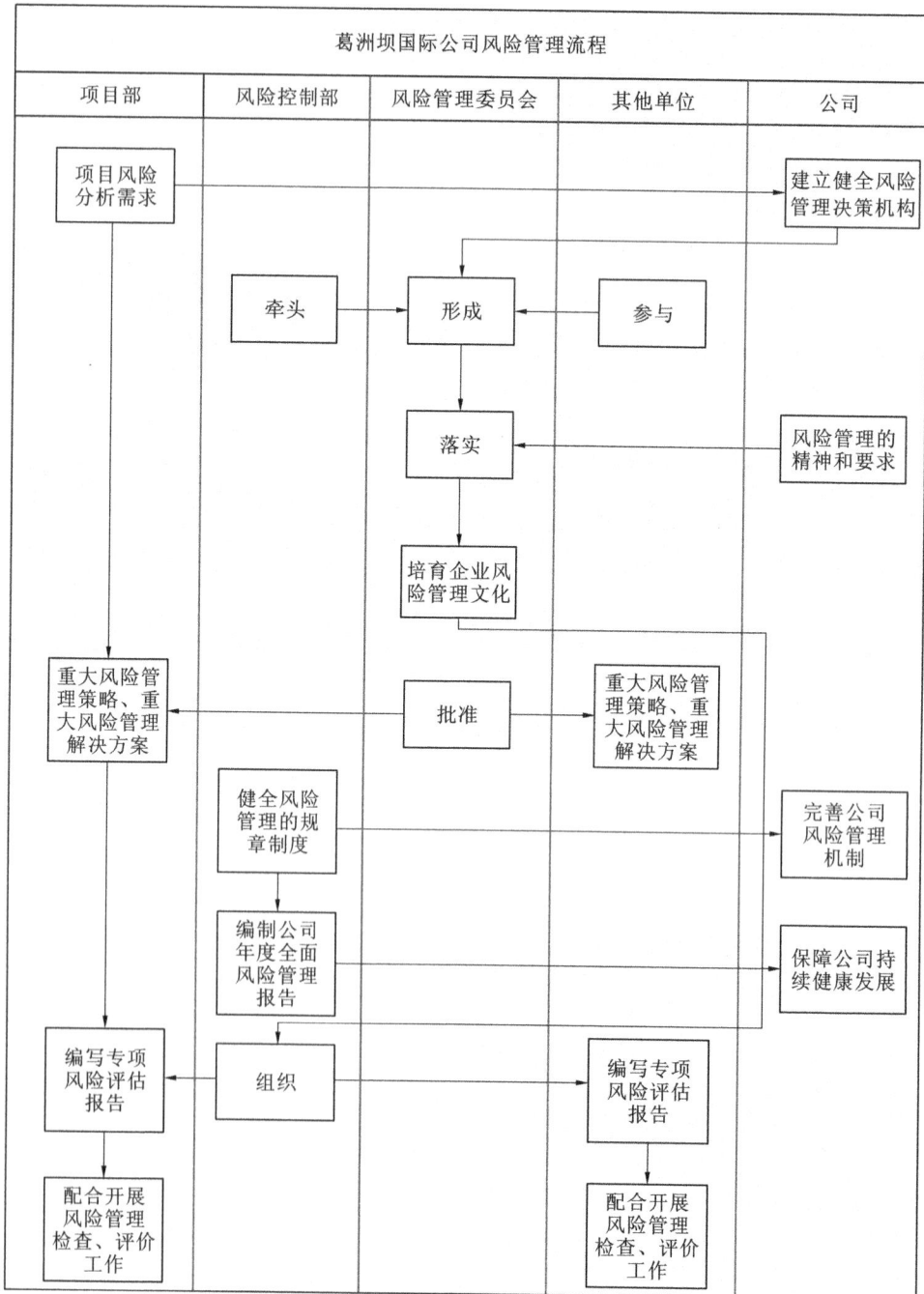

图 6-1　葛洲坝国际公司风险管理流程

表6-1   **项目合同主要内容及风险识别表**

填报日期：   月   日（遇休息日顺延）

生效条件					
计价模式	项目	美元	百分比	所在国货币	百分比
	设计费				
	采购费				
	施工费				
	测试费				
	征地费				
	进口税及其他税费				
	增值税				
	合计				
税务					
支付方式和程序	支付币种				
	预付款				
	进度款	款项	支付明细	支付需提交材料	支付方式
	分包合同及其费用支付				
工期	开工日期				
	工期				
	完工日期				
	缺陷责任期				
工程变更					
完工令					
临时接收					

续表

最终接收		
工程质保期		
设备运行		
技术转让		
合同罚金		
保函	履约保函	
	劳工保函	
	承包商义务	
保险	在途货物和承包商设备险	
	工程一切险	
	第三方责任险	
	现场内承包商人员保险	
合同终止		
争端解决	适用法律	
	裁决法院	

表 6-2   **葛洲坝国际公司风险评价标准**

发生可能性	发生可能性描述（存在下列情形之一的）	发生可能性评分	影响程度	影响程度描述（存在下列情形之一的）	影响程度评分
极低	1. 在公司现有的管理水平、人员结构素质和管控手段等条件下,风险事件不会发生,仅在例外情况下可能发生; 2. 今后 10 年内发生的可能少于 1 次	1 分	极轻微	1. 损失金额占公司年度计划税前利润的 1% 以下; 2. 公司日常运作或竞争力不受影响; 3. 负面消息在公司内部流传,公司声誉没有受损	1 分

发生可能性	发生可能性描述（存在下列情形之一的）	发生可能性评分	影响程度	影响程度描述（存在下列情形之一的）	影响程度评分
低	1.在公司现有的管理水平、人员结构素质和管理手段条件下,风险事件发生的可能性较低; 2.今后5～10年内可能发生1次	2分	轻微	1.损失金额占公司年度计划税前利润的1%～5%(含1%); 2.公司日常运作或竞争力受轻度影响,情况会立刻得到控制; 3.负面消息在当地局部流传,对公司声誉造成轻微损害	2分
中等	1.在公司现有的管理水平、人员结构素质和管理手段条件下,风险事件发生的可能性一般; 2.今后2～5年内可能发生1次	3分	中等	1.损失金额占公司年度计划税前利润5%～10%(含5%); 2.公司日常运作或竞争力受中度影响,情况需要接受外部支持才能控制; 3.负面消息在某区域流传,对公司声誉造成中等损害	3分
高	1.在公司现有的管理水平、人员结构素质和管理手段条件下,风险事件发生的可能性很高; 2.今后1年内可能发生1次	4分	重大	1.损失金额占公司年度计划税前利润10%～20%(含10%); 2.公司日常运作或竞争力受严重影响,公司失去一些业务能力,造成严重人身伤害和财产损失,情况失控,但无致命影响; 3.负面消息在全国各地流传,对公司声誉造成重大损害	4分
极高	1.在公司现有的管理水平、人员结构素质和管理手段条件下,风险事件发生的可能性非常高; 2.今后1年内至少发生1次	5分	灾难性	1.损失金额占公司年度计划税前利润的20%以上(含20%); 2.公司日常运作或竞争力受重大影响,出现重大业务失误,造成重大人身伤亡和财产损失,情况失控,给公司造成致命影响; 3.负面消息流传世界各地,政府或监管机构进行调查,引起公众关注,对公司声誉造成无法弥补的损害	5分

注:1.风险值＝发生可能性综合评分×影响程度综合评分。

2.风险等级划分标准为:① 风险值大于10分的,为重大风险;② 风险值在5分和10分之间的,为重要风险;③ 风险值小于5分的,为一般风险。

表 6-3 国际工程承包业务主要风险列表(外部风险)

序号	风险名称		风险描述
1	政治风险	1.1	政局变化(政体改革、政权换届)
		1.2	国际关系交恶
		1.3	宗教、意识形态冲突
		1.4	政府征收、征用
2	安全风险	2.1	社会治安情况恶化
		2.2	战争,地区、区域冲突爆发
		2.3	恐怖主义、极端组织活动
		2.4	疾病疫情暴发
		2.5	大规模游行、集会、罢工
3	自然风险	3.1	极端气候
		3.2	自然灾害
		3.3	放射性污染
4	经济风险	4.1	通货膨胀严重
		4.2	货币汇率剧烈变动
		4.3	融资利率变化
		4.4	财政政策突然变化,政府债务恶化、违约
		4.5	国际经济制裁
		4.6	国际大宗商品价格剧烈变化
5	重大政策调整风险	5.1	市场准入制度、贸易壁垒
		5.2	税务政策
		5.3	外汇管制政策
		5.4	劳务用工制度、配额变化
		5.5	环保标准
		5.6	进出口许可
		5.7	土地使用权

续表

序号	风险名称		风险描述
6	业主风险	6.1	业主重要人员变动
		6.2	业主资金情况恶化、延迟支付
		6.3	业主现场移交延迟
7	其他风险	7.1	民众反对意见
		7.2	媒体负面报道
		7.3	NGO 等社团组织反对意见

表 6-4 **国际工程承包业务主要风险列表（内部风险）**

序号	风险名称		风险描述
1	合同风险	1.1	合同责任义务约定不合理、划分不明确、明显加重承包商的责任等
		1.2	支付方式约定不合理
		1.3	合同适用法律、争端解决条款不合理
		1.4	翻译失真
		1.5	报价漏项
2	地质勘查风险	2	工程量显著增加
3	工期风险	3	较合同工期滞后
4	运营风险	4.1	分包商履约不力
		4.2	采购、储运不力
		4.3	联营体履约能力不强、责任划分不清晰
		4.4	内部管理不善
5	设计风险	5.1	EPC 设计失控
		5.2	设计标准不明确
		5.3	对设计标准、当地习惯把握不准确
		5.4	设计基础资料缺失
		5.5	设计团队能力欠缺
6	技术风险	6	技术标准难以满足

续表

序号	风险名称		风险描述
7	资金短缺风险	7.1	主合同付款条件、进度设置不恰当
		7.2	业主支付延迟、资金缺乏
		7.3	分包、供货合同支付进度严重超前于主合同
		7.4	项目因外围环境变化、执行不力等原因,承包商需垫资实施项目,无法索赔
8	税务风险	8.1	税务筹划不合理
		8.2	未及时缴纳税款
		8.3	免税函失效
9	财务风险	9	账户管理失控
10	保函风险	10.1	在合同生效前提交保函
		10.2	保函币种、金额与合同不一致
		10.3	保函条款苛刻(可转让、生效/失效时间不明确,责任上限不明确)
11	安全、质量、环保风险	11.1	出现安全事故、人身财产伤害
		11.2	出现质量事故
		11.3	出现环境污染事件
12	劳务风险	12.1	许可证办理困难
		12.2	内部人员罢工
13	诉讼风险	13	分包商或其他相对方恶意诉讼

6.2.2 葛洲坝国际公司风险评估办法

葛洲坝国际公司针对影响其经营目标的各种风险,制定了适用于公司所属各单位的风险评估办法。

1. 风险信息的收集和识别

公司风险控制部负责建立风险信息报送机制,制定"风险信息报送表",明确风险信息报送的范围和时间。公司所属各单位负责收集和识别本单位业务范围内的风险信息,按时上报"风险信息报送表"。

公司所属各单位重点收集的风险信息包括与本单位业务范围密切相关的战略风险、财务风险、运营风险、市场风险和法律风险等内外部风险信息。

（1）战略风险方面

公司所属各单位广泛收集国内外公司战略风险失控导致公司蒙受损失的案例，并至少收集与公司相关的以下重要信息：

① 国内外宏观经济政策以及经济运行情况、本行业状况、国家产业政策；

② 科技进步、技术创新的有关内容；

③ 市场对公司产品或服务的需求；

④ 与公司战略合作伙伴的关系，未来寻求战略合作伙伴的可能性；

⑤ 公司主要客户、供应商及竞争对手的有关情况；

⑥ 与主要竞争对手相比，公司的实力与差距；

⑦ 公司发展战略和规划、投融资计划、年度经营目标、经营战略，以及编制这些战略、规划、计划、目标的有关依据；

⑧ 公司对外投融资流程中曾发生或易发生错误的业务流程或环节。

（2）财务风险方面

公司所属各单位广泛收集国内外公司财务风险失控导致危机的案例，并至少收集公司的以下重要信息：

① 负债、或有负债、负债率、偿债能力；

② 现金流、应收账款及其占销售收入的比重、资金周转率；

③ 产品存货及其占销售成本的比重、应付账款及其占购货额的比重；

④ 制造成本、管理费用、财务费用、营业费用；

⑤ 营利能力；

⑥ 成本核算、资金结算和现金管理业务中曾发生或易发生错误的业务流程或环节；

⑦ 与公司相关的行业会计政策、会计估算、与国际会计制度的差异与调节（如退休金、递延税项等）等信息。

（3）市场风险方面

公司所属各单位广泛收集国内外公司忽视市场风险、缺乏应对措施导致公司蒙受损失的案例，并至少收集与公司相关的以下重要信息：

① 产品或服务的价格及供需变化；

② 能源、原材料、配件等物资供应的充足性、稳定性和价格变化；

③ 主要客户、主要供应商的信用情况；

④ 税收政策和利率、汇率、股票价格指数的变化；

⑤ 潜在竞争者、竞争者及其主要产品、替代品情况。

（4）运营风险方面

公司所属各单位至少收集与公司、行业相关的以下信息：

① 产品或服务结构；

② 新市场开发，市场营销策略，包括产品或服务定价与销售渠道、市场营销环境状况等；

③ 公司组织效能、管理现状、公司文化，高、中层管理人员和重要业务流程中专业人员的知识结构、专业经验；

④ 质量、安全、环保、信息安全等管理中曾发生或易发生失误的业务流程或环节；

⑤ 因公司内、外部人员的道德风险而致使公司遭受损失或业务控制系统失灵；

⑥ 给公司造成损失的自然灾害以及除上述有关情形之外的其他纯粹风险；

⑦ 对现有业务流程和信息系统操作运行情况的监管、运行评价及持续改进能力；

⑧ 公司风险管理的现状和能力。

（5）法律风险方面

公司所属各单位广泛收集国内外公司忽视法律法规风险、缺乏应对措施导致公司蒙受损失的案例，并至少收集与公司相关的以下信息：

① 国内外与本公司相关的政治、法律环境；

② 影响公司的新法律法规和政策；

③ 员工道德操守的遵从性；

④ 公司签订的重大协议和有关贸易合同；

⑤ 公司发生重大法律纠纷案件的情况；

⑥ 公司和竞争对手的知识产权情况。

公司所属各单位在收集风险信息后，围绕公司经营目标，通过分析公司内外部环境，对风险信息进行必要的筛选、提炼、对比、分类和组合，以便识别风险。

公司所属各单位识别内部风险时，主要考虑下列因素：

① 公司战略规划、公司及所属各单位的发展计划和年度经营目标；

② 高级管理人员的职业操守、员工专业胜任能力等人力资源因素；

③ 组织机构、经营方式、资产管理、业务流程等管理因素；

④ 财务状况、经营成果、现金流量等财务因素；

⑤ 运营安全、员工健康、环境保护等安全环保因素；

⑥ 其他有关内部风险因素。

公司所属各单位识别外部风险时，主要考虑下列因素：

① 政权更迭、政治力量平衡、地缘政治、外交关系等国别政治因素；

② 经济形势、产业政策、融资环境、市场竞争、资源供给、汇率变动等经济因素；

③ 法律法规、监管要求等法律因素；

④ 安全形势、文化传统、宗教信仰、社会信用、教育水平等社会因素；

⑤ 技术进步、工艺改进等技术因素；

⑥ 自然灾害、环境状况等自然环境因素；

⑦ 其他有关外部风险因素。

2. 风险分析和评估

公司所属各单位负责分析和评估本单位业务范围内的风险。对于专业性强的风险分析，公司职能部门会予以协助。必要时，各单位还可以聘请外部咨询机构协助开展风险评估。

公司所属各单位开展风险分析时，一般采用定性分析和定量分析相结合的方法。

公司所属各单位对风险进行分析后，按照风险发生的可能性及其影响程度等，对风险进行评价和排序，拟定风险评估等级，确定重点关注和优先控制的风险。风险发生的可能性及其影响程度的评价标准见表6-2。

根据风险评估的结果,可将风险划分为一般风险、重要风险和重大风险:

① 一般风险:风险发生的可能性极小或风险发生后给公司造成的损失可以忽略或可以接受。

② 重要风险:风险可能会发生或风险发生后会对公司某项(类)业务、事项产生较大影响,给公司造成较大的损失,有可能导致或转化为重大风险。

③ 重大风险:风险很可能会发生或基本确定会发生,或风险发生后会对公司的正常经营产生重大影响、甚至造成公司经营无法继续,给公司造成重大损失。

6.3　风险应对措施

6.3.1　葛洲坝国际公司风险应对管理

风险应对管理包括确定风险管理策略和制定风险管理解决方案。

在拟定风险等级后,葛洲坝国际公司及公司所属各单位根据内外部环境,确定风险偏好、风险承受度、风险管理有效性标准,选择风险承担、风险规避、风险转移、风险控制等合适的风险管理策略,并确定风险管理所需人力和财力资源的配置原则。

在确定风险管理策略后,葛洲坝国际公司及公司所属各单位根据风险等级制定风险管理解决方案。

① 对于重大风险及重要风险,责任单位应按照相关规定向公司报告风险详情及拟定的风险应对方案。在收到报告后,公司风险控制部应立即对责任单位报送的风险应对方案予以审查,组织编制专项风险评估报告报公司批准。责任单位应严格执行经公司批准的风险应对方案,对重要风险应对方案执行情况及重要风险事件发展情况实行周报制度,对重大风险应对方案执行情况及重大风险事件发展情况实行日报制度。

② 对于一般风险,责任单位应及时制定风险应对方案并采取应对措施,在每月"风险信息报送表"中报告风险应对方案执行情况及风险事件发展情况。

葛洲坝国际公司对重大风险实行风险预警制度。以下三种情况,公司所属各单位应当报送公司相关责任部门并抄报公司风险控制部:经过评估认定的重大风险;一般风险和重要风险可能转化为重大风险;突发事件可能对其生产经营活动产生的损失或不良影响暂时不能评估或无法量化。公司总部相关部门应当对风险报告进行分析评估,风险报告经公司批准后,由公司风险控制部发布风险动态预警信息:对于在一定时期内处于可控状态的重大风险,公司相关单位应当对其保持高度关注;对于在一定时期内可能转化为风险事件的重大风险,公司相关单位应当立即启动重大风险应急预案。公司相关单位或公司风险控制部认为风险等级下降时,应当报告公司,经公司批准后,由公司风险控制部解除风险预警。

6.3.2　葛洲坝国际公司风险清单管理

葛洲坝国际公司风险清单管理工作流程如图 6-2 所示。风险控制部负责对项目风险清单进行监测,并填写"项目投标签约阶段风险清单监测简报"(表 6-5);项目部负责对项目风险进行排查,填写"国际项目部风险排查报告"(表 6-6);在对风险清单进行管理时,可参考"国际工程承包业务主要风险列表(外部风险)"(表 6-3)、"国际工程承包业务主要风险列表(内部风险)"(表 6-4)。

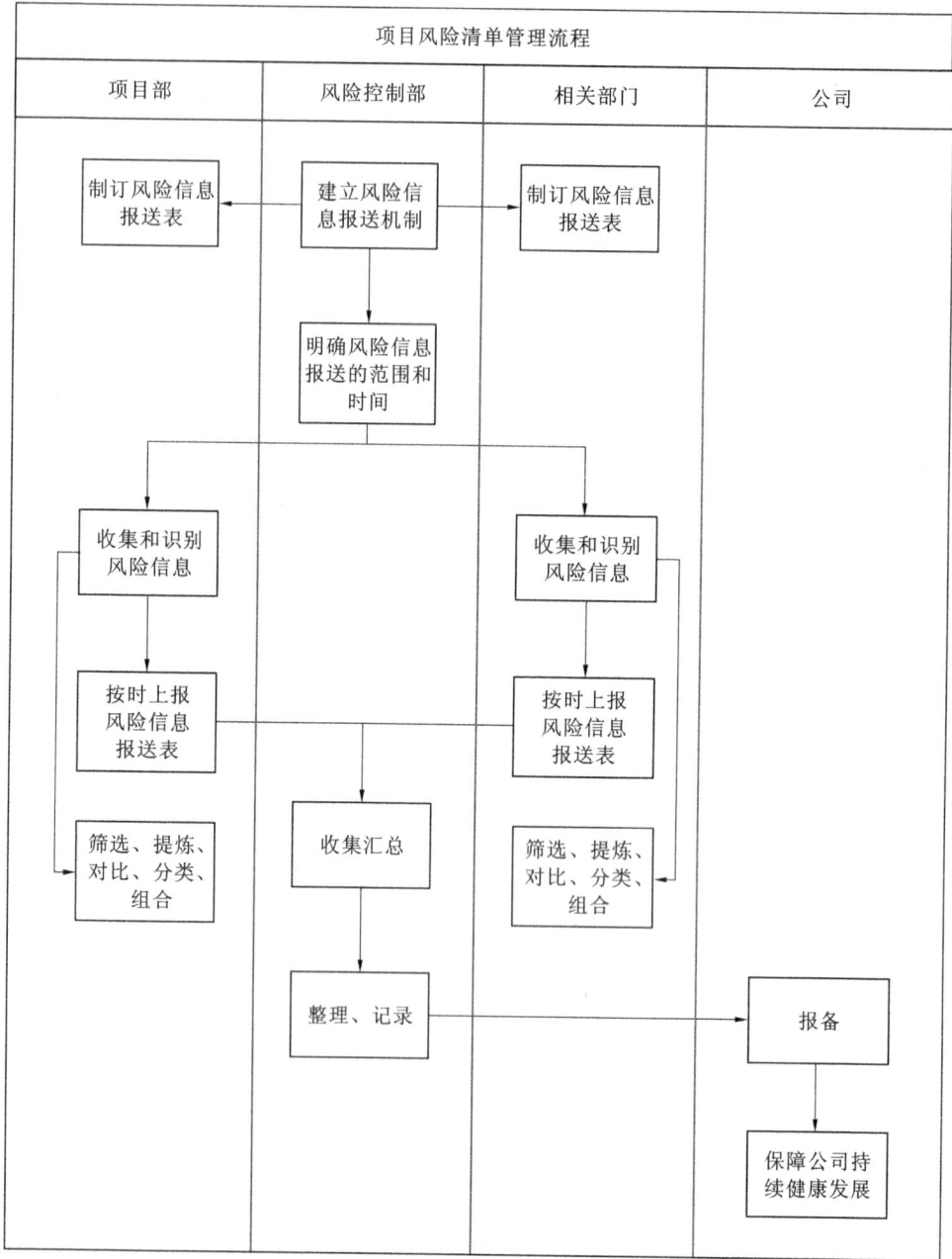

项目风险清单管理流程			
项目部	风险控制部	相关部门	公司

流程图:

- 风险控制部:建立风险信息报送机制 → 项目部:制订风险信息报送表;相关部门:制订风险信息报送表
- 建立风险信息报送机制 → 明确风险信息报送的范围和时间
- 明确风险信息报送的范围和时间 → 项目部:收集和识别风险信息;相关部门:收集和识别风险信息
- 项目部:收集和识别风险信息 → 按时上报风险信息报送表
- 相关部门:收集和识别风险信息 → 按时上报风险信息报送表
- 项目部:按时上报风险信息报送表 → 筛选、提炼、对比、分类、组合
- 相关部门:按时上报风险信息报送表 → 筛选、提炼、对比、分类、组合
- 风险控制部:收集汇总 → 整理、记录
- 整理、记录 → 公司:报备
- 报备 → 保障公司持续健康发展

图 6-2 葛洲坝国际公司风险清单管理工作流程

表 6-5 项目投标签约阶段风险清单监测简报

填报日期： 年 月 日

项目名称		工程类型		国别	
合同金额		合同类型		实施单位	
资金来源		工期		签约时间	

风险识别			分析与对策		
序号	类型	辨识(√)			
一	**政治风险**				
1	政局稳定	×		政局是否稳定	
2	执政党任期	×		执政党任期时间，大选情况	
3	政策制度	×		政策规范性、连贯性	
4	腐败及效率	×		政府部门是否腐败，办事效率是否低下	
5	战争与动乱	√		是否有潜在的战争和恐怖、动乱事件	
6	种(民)族冲突	×			
	……				
二	**社会风险**				
7	宗教信仰	×			
8	风俗习惯	×			
9	社会治安	×			
10	公众态度	√			
	……				
三	**经济风险**				
11	外汇管制	√			
12	汇率变化	√			
13	金融货币	√			
14	财政收支	√			
15	经济前景	√		经济整体实力，今后5～10年发展趋势	
	……				

续表

序号	类型	辨识(√)	
四	**法律风险**		
16	税务	√	
17	劳工	√	
18	设备、材料进口	√	
19	环保	√	
20	保险	√	
21	签证	√	
	...		
五	**自然环境**		
22	自然灾害	√	
23	气候条件	√	
24	水文地质	√	
25	瘟疫疾病	√	
	...		
六	**技术风险**		
26	技术环境(标准规范认证)	√	
27	设计技术	√	
28	施工技术方案	√	条款中存在的缺陷或不合理的地方
	...		
七	**合同风险**		
29	合同条款	√	条款中存在的缺陷或不合理的地方
30	合同谈判	√	谈判中达成和未达成的条款
	...		
八	**业主风险**		
31	业主资格	√	业主资格是否合格,是否有取得许可的能力
32	业主关切	×	如工期、HSE、资金等
33	业主实力	×	业主的背景,资金筹集能力
34	指定分包商	×	业主指定分包商或供应商的能力
	...		

续表

序号	类型	辨识(√)	
九	**其他**		
35	当地合作伙伴	×	合作伙伴的选择
36	商务运作	×	取得项目的运作方式
37	投标决策	×	
	...		

表 6-6 　　　　　　　　　　　**国际项目部风险排查报告**

工程名称		工程标段	

项目基本情况：

		签订情况	履约情况
合同部分	项目主合同		
	联营体层面分包合同		
	项目部层面分包合同		
		风险描述	风险影响	应对措施
主要风险分析	工期风险			
	成本风险			
	征地风险			
	分包风险			
	技术风险			
	业主风险			
	安保风险			
	劳务风险			
	保函风险			
	试运行风险			

建议采取的应对措施：

管理建议：

6.3.3 葛洲坝国际公司专项风险评估报告

存在下列情形时,葛洲坝国际公司要求编制专项风险评估报告：

① 开展投资业务(含投资拉动工程承包业务)；

② 开展并购重组、产权交易与资产转让业务；

③ 开展合同总价超过 5 亿美元的国际工程承包业务；

④ 项目履约过程中,履约环境发生重大变化,可能导致公司利益遭受重大损失的情形；

⑤ 股份公司要求编制专项风险评估报告的情形；

⑥ 公司自营项目和公司作为联营体牵头方的项目；

⑦ 其他存在重要风险和重大风险的情形。

专项风险评估报告编制完成后上报公司批准,作为公司制定风险应对方案的重要依据。

6.4 重大风险事件的处置

葛洲坝国际公司将重大风险定义为:风险很可能发生或基本确定发生或风险发生后会对公司的正常经营产生较大影响、甚至造成公司经营无法继续,对公司造成重大损失。

葛洲坝国际公司在面临重大风险时,采取以下流程进行风险应对(图6-3)。

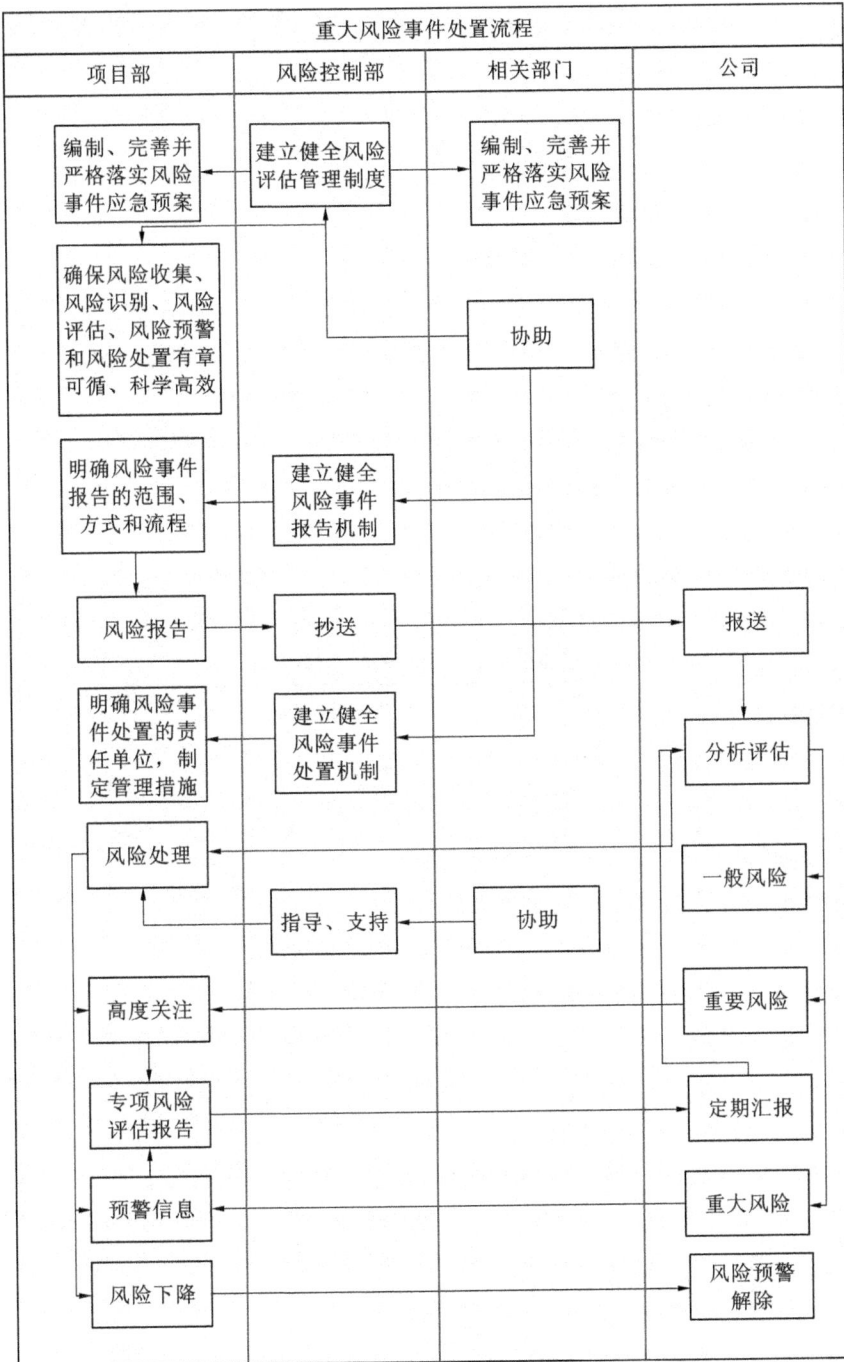

重大风险事件处置流程			
项目部	风险控制部	相关部门	公司

```
[编制、完善并      [建立健全风险      [编制、完善并
严格落实风险  ←── 评估管理制度      严格落实风险
事件应急预案]                      事件应急预案]
      ↓
[确保风险收集、
风险识别、风险                  [协助]
评估、风险预警
和风险处置有章
可循、科学高效]
      ↓
[明确风险事件      [建立健全
报告的范围、  ←── 风险事件   ←──
方式和流程]        报告机制]
      ↓
[风险报告]  ──→  [抄送]  ──────────────→  [报送]
      ↓                                    ↓
[明确风险事      [建立健全
件处置的责  ←── 风险事件                  [分析评估]
任单位,制        处置机制]
定管理措施]
      ↓                                    ↓
[风险处理]  ←─────────────────────────  [一般风险]
      ↑
      |        [指导、支持]  ←── [协助]
      |
[高度关注]  ←───────────────────────  [重要风险]
      ↓
[专项风险      ───────────────────→  [定期汇报]
评估报告]
      ↑
[预警信息]  ←───────────────────────  [重大风险]
      ↑
[风险下降]  ─────────────────────→  [风险预警
                                      解除]
```

图6-3　葛洲坝国际公司重大风险事件处置工作流程

① 公司对重大风险实行风险预警制度。当出现以下情形时,公司所属各单位应当报送公司相关责任部门并抄报公司风险控制部:经过评估认定的重大风险;一般风险和重要风险可能转化为重大风险;突发事件可能对公司生产经营活动产生的损失或不良影响暂时不能评估或无法量化。

② 公司相关部门对风险报告进行分析评估,并填写"国际项目施工阶段风险处置表"(表 6-7),分析评估经公司批准后,由公司风险控制部发布风险动态预警信息:在一定时期内处于可控状态的重大风险,公司相关单位应当对其保持高度关注;在一定时期内可能转化为风险事件的重大风险,公司相关单位应当立即启动重大风险应对预案。公司相关单位或公司风险控制部认为风险等级下降时,应当报告公司,经公司批准后,由公司风险控制部解除风险预警。

③ 对于重大风险及重要风险,责任单位应按照相关规定向公司报告风险详情及拟定的风险应对方案。

④ 在收到报告后,公司风险控制部应立即对责任单位报送的风险应对方案予以审查,组织编制专项风险评估报告报公司批准。

⑤ 项目部应严格执行经公司批准的风险应对方案,对重要风险应对方案执行情况及重要风险事件发展情况实行周报制度,对重大风险应对方案执行情况及重大风险事件发展情况实行日报制度,填写"重大风险(Ⅰ级和Ⅱ级风险)处置记录表"(表 6-8)。

表 6-7

国际项目施工阶段风险处置表

序号	风险类型		管控措施	采取情况
1	工期风险		编制项目施工阶段总进度计划及资源配置计划	□是 □否
			运用挣值法对工期进行动态监控	□是 □否
			积极索赔非承包商原因造成的工期延误	□是 □否
2	成本风险	涨价风险	控制主材、永久设备的成本,对于对成本影响较大的大宗材料、关键设备等,在项目施工开始阶段就应尽早通过与供应商签署供应合同锁定价格	□是 □否
			对于无法提前锁定价格且价格波动较大的大宗材料,如石油、钢材、铝材、铜材、橡胶等,应于价格低谷时尽量多采购或者订购,增加库存;比较采购国价格,就近国价格低的,不应坚持从国内进口	□是 □否
			对于施工设备费的摊销,应综合考虑投标文件、工期、一次性投入以及后续项目的衔接等相关问题来决定,是购置新设备还是就地租赁设备	□是 □否
			国际项目中属地化程度越高,劳务成本越低,对于非核心项目应立足于当地资源,这样可以有效降低人工成本	□是 □否

续表

序号	风险类型	管控措施		采取情况
2	成本风险	涨价风险	需要重视合同中的调价及调差条款,必要的情况下应请内部专家或者外部专家共同研读,积极维护合同权利	□是 □否
		投标报价中的漏项、工程量不够的问题	从设计角度挖掘潜力,在保证履约的前提下优化设计,弥补投标阶段产生的工程量风险	□是 □否
			应尽量与工程师、业主协商沟通,争取利用变更机会弥补报价缺陷	□是 □否
		不平衡报价导致的成本风险	项目部在项目开始阶段就应与设计单位保持密切沟通,出现风险信号时,项目部应积极与设计单位沟通协调,尽量在前期解决问题,避免在项目履约过程中积重难返	□是 □否
		资源配置风险	应根据现场实际情况,科学计划,逐步配置资源,随着项目的发展不断调整,不能盲目一次性到位	□是 □否
		在保证预期管理费的前提下,通过工程分包可以转移大部分成本风险,特别是对于自身不擅长或者不熟悉的领域,寻求专业队伍合作既降低了成本风险又提高了履约能力		□是 □否
3	征地风险	积极寻求业主方的支持		□是 □否
		在当地寻找有实力的合作伙伴,协助征地过程中的谈判		□是 □否
		请当地律师提供法律支持		□是 □否
4	分包风险	建立合格分包商资源库		□是 □否
		对再次分包进行限制,并明确再次分包的报批程序		□是 □否
		明确各分包商间的工作内容、范围和责任		□是 □否
		分包合同按"背靠背"的原则编制		□是 □否
		进行严格的分包进度控制,分包商应从承包商的总进度计划角度安排人、材、机		□是 □否
		扣留一定比例的安全质量保证金,用于应对安全质量风险		□是 □否

序号	风险类型	管控措施	采取情况
5	技术风险	加大对现场的考察力度和深度,充分考虑特定施工环境下标准的经济性、适应性和合理性	□是 □否
		加强对设计方及设备供应商的协调监管,尽可能提供充分的资料,以便其设计与产品能符合合同规定、技术标准并满足业主的要求	□是 □否
		提高技术标准翻译的准确性以及设计转化的匹配性,减少与实际施工过程中的偏差	□是 □否
		技术澄清中尽可能说服业主同意采用中国标准或等同于中国标准,对于从中国融资的项目争取完全采用中国标准	□是 □否
		加强对业主要求、规范标准的研读,当出现标准不清晰时,尽快与工程师沟通,要求工程师予以确定,避免方案的重复审批	□是 □否
		采购过程应将材料和设备的相关参数、指标提前报业主、工程师审批,要求供应商提供详细的技术支持	□是 □否
		聘用熟悉当地规范的技术专家,驻场对重大技术问题进行把控,协助承包商与业主工程师的协调,并对与技术问题相关的变更索赔提供指导	□是 □否
6	业主风险	因业主管理失控出现的风险,如移交延误、审批延误等,项目部应根据合同约定,收集详细资料,定期上报索赔资料,合理索赔工期及费用	□是 □否
		对于业主恶意拖欠工程款、恶意转让或索兑保函等风险,项目部应充分利用内部及外部法律专家资源,做好诉讼、仲裁等方案	□是 □否
		针对业主违约风险,可购买中国出口信用保险公司短期出口信用特险	□是 □否
7	安保风险	与当地的执法机关保持良好沟通,包括劳工部门、安全生产监管部门、警察局及其他政府部门等。一旦出现风险事件,要确保能够提前沟通并妥善处理风险事件,防止影响扩大	□是 □否
		项目部要高度重视安保风险,特别是当地治安环境不好的国家,更应提高管理级别,保证各项安保措施到位,必要时聘用当地安保公司乃至军队协助安保	□是 □否
		工程开工之前应有详细安保计划并严格执行,编写各种突发事件应急预案,并定期演练,做好宣传,要求每个中方员工都能熟知各种应急方案	□是 □否
		中方员工集中住宿,并尽量与当地员工分开,以免发生纠纷造成群体性事件。中方员工应避免单独外出,办理资金收支业务时应安排安保人员陪同	□是 □否

续表

序号	风险类型	管控措施		采取情况
8	劳务风险	项目部在大量雇佣当地劳务人员之前应制定应对计划,与当地劳工部门、警察局提前接触并保持良好关系。提前准备与工会组织对话,制定罢工应急预案		□是 □否
		通过劳务分包转移风险,尽量与劳务派遣公司签署合同,避免与单个劳务人员签订合同,由劳务派遣公司出面解决劳资纠纷		□是 □否
		聘请有经验的当地律师进行法律咨询,制定合法合规的劳务合同范本		□是 □否
		一旦罢工事件发生或可能发生,在可容忍的范围内应尽早谈判解决		□是 □否
		劳务招聘和使用管理	实际招聘劳务人员数量应大于计划招聘人数,根据现场情况留有余量	□是 □否
			根据当地劳务人员工作生活习惯、宗教习俗等制定轮休制度	□是 □否
			建立当地员工的激励、晋升机制,提高当地员工的企业归属感和荣誉感,能够自主通过努力融入企业中来,建立一种良性的发展循环	□是 □否
		加强出国人员外事教育力度,出国前应对其进行外事培训,着重讲解所在国的风俗禁忌、宗教信仰等,并将注意事项整理成册分发给出国人员		□是 □否
9	保函风险	诚信履约,根据合同,及时办理保函的开立、展期、减额等		□是 □否
		在合同及保函格式中明确约定保函不可转让		□是 □否
		与开立行和转开行(如有)保持密切联系,一旦出现业主要求兑付事件,应能保证第一时间通知承包商及时处置		□是 □否
10	试运行风险	编制试运行方案,结合现场条件提前编制合理的试运行方案,并获得业主代表审批		□是 □否
		试运行前安全检查		□是 □否
		做好交接和准备工作		□是 □否

表 6-8　　　　　　　　　　**重大风险（Ⅰ级和Ⅱ级风险）处置记录表**

制表日期：　　年　　月　　日

项目名称		工程标段	
风险名称及编号		发生位置	
风险等级		风险描述	
填写人		填写日期	

1. 风险处置措施

2. 现场监测

签字：

年　月　日

项目部审核意见

签字（盖章）：

年　月　日

项目管理部审核意见

签字（盖章）：

年　月　日

风险控制部审核意见

签字（盖章）：

年　月　日

公司审核意见

签字（盖章）：

年　月　日

（本表由项目部现场风险负责人员填写，并由项目部、项目管理部、风险控制部、公司进行审核）

参 考 文 献

［1］ Hoang P. Safety and Risk Modeling and Its Applications［M］. London：Springer，2011.

［2］ Chen Y Q，Zhang S J，Liu L S，et al. Risk Perception and Propensity in Bid/No-bid Decision-making of Construction Projects［J］. Engineering，Construction and Architectural Management，2015，22(1)：2-20.

［3］ Flage R，Aven T，Zio E，et al. Concerns，Challenges，and Directions of Development for the Issue of Representing Uncertainty in Risk Assessment［J］. Risk Analysis，2014，34(7)：1196-1207.

［4］ Wang Y B，Lou H J. Study on the Risk Management Framework of International EPC Cement Engineering Project［J］. Advanced Materials Research，2012，446-449：3842-3851.

［5］ Tah J H M，Carr V. A Proposal for Construction Project Risk Assessment Using Fuzzy Logic［J］. Construction Management and Economics，2000，18(4)：491-500.

［6］ Mustafa M A，Al-Bahar J F. Project Risk Assessment Using the Analytic Hicrarchy Process ［J］. IEEE Transactions on Enginecring Management，1991，38(1)：46-52.

［7］ 琚建农. 国际工程承包跨文化风险管理的思考［J］. 新经济，2016(12)：118.

［8］ 谢群霞，赵珊珊，刘俊颖. 国际工程 EPC 项目设计工作界面风险管理［J］. 国际经济合作，2016(7)：44-48.

［9］ 朱明，全吉，黄剑眉，等. 国际工程项目费用风险量化评估与动态管控［J］. 国际经济合作，2014(5)：81-86.

［10］ 黄晓. 基于模糊故障树理论的国际工程风险分析［J］. 项目管理技术，2016，14(9)：85-90.

［11］ 刘冰，刘强. 基于突变级数法的国际工程环境影响风险评估［J］. 工程管理学报，2016(1)：125-130.

［12］ 唐晓灵，张逸飞，张凯. 基于可拓理论的国际工程风险管理实证研究［J］. 施工技术，2015(6)：75-79.

［13］ 程建，张伟，宋磊. 基于产出和性能的道路合同风险管控［J］. 国际经济合作，2015(8)：64-67.

［14］ 何贞. 国际工程项目风险评价模型研究［D］. 天津：天津大学，2013.

［15］ 张尧,陈曦,刘洋,等.考虑两个风险情形的项目风险应对策略选择方法［J］.运筹与管理,2014,23(3):252-256.

［16］ 佐飞,张尧.考虑风险间关联作用的项目风险应对策略优选方法［J］.技术经济,2014,33(6):67-71.

［17］ 李永海.考虑风险关联的项目风险应对的案例决策分析方法［J］.系统工程,2016(6):136-143.

［18］ 王媛媛.国际工程项目风险可拓评价及应对策略选择研究［D］.邯郸:河北工程大学,2017.

［19］ 李程浩.国际工程项目的风险管理研究［D］.西安:长安大学,2015.

［20］ 刘俊颖,李志永.国际工程风险管理［M］.北京:中国建筑工业出版社,2013.

［21］ 张健.国际工程承包政治风险应对策略研究［D］.北京:北京交通大学,2017.

［22］ 孟繁野.文化差异对国际工程风险管理的影响研究［D］.天津:天津大学,2013.

［23］ 陈思.承包商视角下国际工程 EPC 合同风险管理研究［D］.北京:北京交通大学,2014.

［24］ 董志勇.国际工程项目风险管理研究［D］.西安:长安大学,2012.

［25］ 李莉.基于 FAHP 的国际承包工程项目风险预警研究［D］.成都:西南交通大学,2016.

［26］ 杨怡婷.某尼日利亚铁路改造项目风险识别及评估分析［D］.北京:对外经济贸易大学,2016.

［27］ 林五福.建设工程项目风险识别与评估研究［D］.苏州:苏州大学,2016.

［28］ ［澳］马丁·鲁斯摩尔,［美］约翰·拉夫特瑞,［澳］查理·赖利,等.项目中的风险管理(原著第二版)［M］.刘俊颖,译.北京:中国建筑工业出版社,2011.

［29］ 于寒冰.基于 FAHP 的国际工程项目风险识别与评价研究［D］.济南:山东大学,2014.

［30］ 张冀皖.非洲地区国际工程项目保险方案策划与案例分析［D］.南京:东南大学,2016.

［31］ 郭仲伟.风险分析与决策［M］.北京:机械工业出版社,1987.

［32］ 张敏,黄继承.政治关联、多元化与企业风险——来自我国证券市场的经验证据［J］.管理世界,2009(7):156-164.

［33］ 刘峰,钟瑞庆,金天.弱法律风险下的上市公司控制权转移与“抢劫”——三利化工掏空通化金马案例分析［J］.管理世界,2007(12):106-116.

［34］ 王广月,陈继光,付志前.房地产风险投资的多目标决策分析和应用［J］.数学的实践与认识,2003(5):26-29.

［35］ 王卓甫,陈登星.水利水电施工进度计划的风险分析［J］.河海大学学报:自然科学版,1999(4):83-87.

［36］ 于九如.投资项目风险分析［M］.北京:机械工业出版社,1999.

［37］ 刘金兰,韩文秀,李兴泉.大型工程建设项目风险分析方法及应用［J］.系统工程理论及实践,1996,16(8):62-68.

[38] 项志芬,尉胜伟,徐澄.工程项目全过程风险管理模式探讨[J].管理工程学报,2005,19(S1):207-209.

[39] [美]杰克·R·梅瑞狄斯,小塞缪尔·J·曼特尔.项目管理:管理新视角[M].4版.郑晟,杨磊,李兆玉,等,译.北京:电子工业出版社,2002.

[40] 王卓甫.工程项目风险管理——理论、方法与应用[M].北京:中国水利水电出版社,2003.

[41] 费朵,邹家继.项目风险识别方法探讨[J].物流科技,2008(8):139-141.

[42] 周红波,高文杰,蔡来炳,等.基于WBS-RBS的地铁基坑故障树风险识别与分析[J].岩土力学,2009,30(9):2703-2707.

[43] 胡丽,张卫国,叶晓甦.基于PPP模式的城市基础设施融资风险识别研究[J].甘肃社会科学,2011(1):234-237.

[44] 宁钟,王雅青.基于情景分析的供应链风险识别——某全球性公司案例分析[J].工业工程与管理,2007,12(2):88-94.

[45] 廖理,李梦然,王正位.聪明的投资者:非完全市场化利率与风险识别——来自P2P网络借贷的证据[J].经济研究,2014,49(7):125-137.

[46] 范中发.港口疏浚工程分包项目的风险管理[D].上海:复旦大学,2008.

[47] 柏延震.境外工程项目风险管理分析[D].青岛:中国海洋大学,2013.

[48] 张浩.国际EPC合同"设计标准版次适用"引起的争议[J].国际经济合作,2014(8):65-68.

[49] 刘勇,范世钰.FIDIC合同条件在境外项目合同管理实践中运用举例[J].中国港湾建设,2018,38(9):78-81.

[50] 厉帅.CL公司ERP项目实施风险管理研究[D].青岛:青岛大学,2018.

[51] 江湖.纳米比亚某联营体公路工程项目沟通管理研究[D].成都:电子科技大学,2015.

[52] 边久松.中外联营体实施非洲某机场跑道扩建项目的管理研究[D].长春:吉林大学,2013.

[53] 卢东升.国际工程承包联营体管理研究[D].北京:北京工业大学,2006.

[54] 赵丕熙.EPC总承包设计风险及控制[J].国际工程与劳务,2015(2):71-72.

[55] 李燕滨.工程项目投标报价风险的评价研究[D].保定:华北电力大学,2010.

[56] 王海志.海外总承包项目投标报价阶段的风险管理[J].国际石油经济,2015,23(1):65-71.

[57] 徐德志.悬臂浇筑预应力混凝土连续梁施工阶段风险评估和风险管理[D].上海:同济大学,2008.

[58] 刘淑侠.国际工程项目投标阶段风险管理研究[D].济南:山东大学,2012.

[59] 陈国星,蒋建新,潘雪枫,等.国际承包工程项目的常见风险与防范对策[J].江苏水利,2010(4):15-17.

[60] 张水波,何伯森.工程项目合同双方风险分担问题的探讨[J].天津大学学报:社会科学版,2003,5(3):257-261.

［61］ 刘建华.国际工程承包的风险[J].世界桥梁,2003(4):42-46.

［62］ 张艳如,郝春肖.国际水电工程投标阶段的技术风险分析与应对[J].山西建筑,2014,40(25):254-255.

［63］ 董明明.国际工程承包中的合同风险管理研究[D].青岛:中国海洋大学,2011.

［64］ 聂名华.对外投资中的国家风险防范[J].国际贸易,1995(2):37-38.

［65］ 顾镜清,季善昌,施汝良.风险管理——理论与实务[M].北京:中国国际广播出版社,1993.

［66］ 张水波,陈勇强.国际工程保险以及应注意的问题[J].港工技术,1999(3):40-42.

［67］ 石兴.保险产品设计原理与实务[M].北京:中国金融出版社,2006.

［68］ 孙来福.我国保险企业风险管理研究[D].合肥:安徽大学,2004.

［69］ 罗云,樊运晓.风险分析与安全评价[M].北京:化学工业出版社,2004.

［70］ 庞强.风险管理在国际工程项目中的应用[J].中国招标,2011(20):27-29.

［71］ 姜伟.做好国际工程项目保险管理[J].国际工程与劳务,2014(4):50-51.